画家凡·高看人
他透过自画像，探索人、研究人、
追寻人，试图揭开人的面具。
然而他似乎落空了。他迷失了自己。
靠着绘画，他又找到了自己。
凡·高画自画像，以此让自己相信自身的存在，
知道自己没有在纯粹知觉的汇集下沉溺，
他的眼睛没有被自己熊熊的目光焚毁……
从凡·高的自画像中，隐约可以见到
凡·高那悲剧性的，然而不可抗拒的命运。
凡·高画的其实是人。

自画像, 巴黎, 1887年。

自画像, 巴黎, 1887年。

自画像, 巴黎, 1887年。

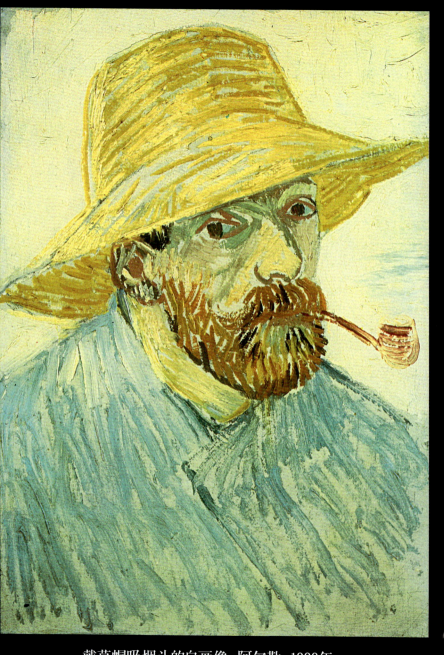

戴草帽吸烟斗的自画像，阿尔勒，1888年。

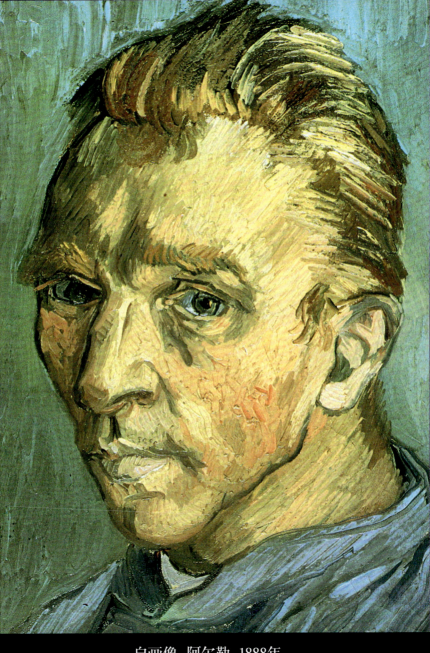

自画像, 阿尔勒, 1888年。

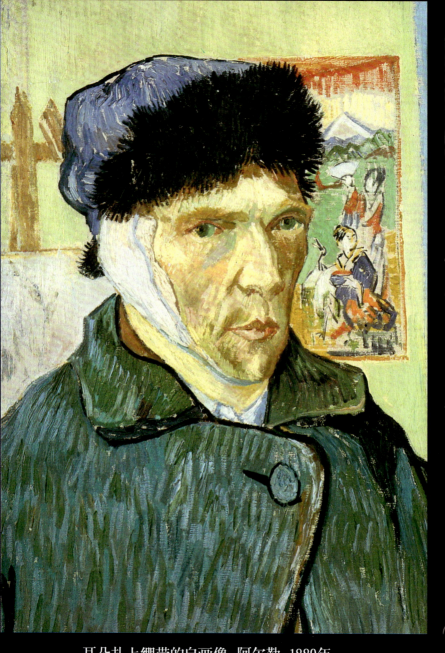

耳朵扎上绷带的自画像, 阿尔勒, 1889年。

自画像，圣雷米，1889年。

# 目 录

## 帕斯卡尔·博纳富

1949 年生，作家暨艺术史学者。

钻研"自画像"在画家身上

及艺术史上所引发的种种问题。

就此课题有若干著述，曾获国家级文学奖项。

此外亦撰写小说。

# 凡·高

## 磨难中的热情

［法］ 帕斯卡尔·博纳富　著

张南星　译

吉林出版集团有限责任公司 ｜ 全国百佳图书出版单位

**18**53年3月30日这天，

荷兰格鲁特·赞德特教区

的牧师家里一片忙乱，有人祈祷，有人盼望。

牧师特奥多鲁斯·凡·高的妻子即将临盆。

去年的同一天，她生下一个死产儿，本打算取名

文森特·威廉。

这次生的孩子也取了同样的名字：

文森特·威廉·凡·高。

## 第一章
### 彷徨与孤独

**13**岁时的文森特是个成绩颇差的学生，也是个孤单寂寞的寄宿生。右图是他在荷兰北布拉班特的故居。

从 17 世纪起，凡·高这个家族就有人以文森特为名。与文森特同名的有他的祖父，1789 年出生，是布雷达城的牧师；还有他的叔叔——桑叔叔，1820 年出生。桑叔叔在海牙普拉兹街 14 号开了一家买卖现代版画及油画的商店，号称"国王及王后收藏馆的供应商"。他的兄弟亨德里克，也就是亨叔叔，和科内利斯（科叔叔）两人也经营艺术品的生意。5 个兄弟中，只有特奥多鲁斯继承了父志做牧师。

1849 年 4 月 1 日，特奥多鲁斯 27 岁时，终于被任命为格鲁特·赞德特的牧师。这是北布拉班特的一个市镇，靠近比利时边境。他隶属于温和的加尔文教派，管辖的教民只有100 多人。

1851 年，特奥多鲁斯与安娜·科内丽亚·卡本泰丝结婚。1855 年，安娜生下一个女儿，取名安娜·科内丽亚。由于这个女儿与母亲同名，所以 1857 年 5 月 1 日所生的儿子也就跟父亲同名：特奥多鲁斯，简称特奥。格鲁特·赞德特的牧师家住在墓地后面的教堂旁边，在这儿，后来又诞生了 3 个孩子：1859 年的伊丽莎白，1862 年的维蕾米娜，及 1867 年的科内利斯。

文森特的父亲，特奥多鲁斯·凡·高，一个谦和的加尔文派讲道牧师，终其一生只担任过次要的职务。

文森特的母亲，安娜·科内丽亚·卡本泰丝。

## 沉默孤独的文森特常在田野中漫游。进入公立学校后，开始读书识字，学习算术

1864 年 10 月 1 日，文森特的父亲把他送到位于罗森达尔和多德雷赫特之间的济凡伯根当寄宿生，进入普罗维利先生所办的私人学校。这是文森特第一次离开家人，他才 12 岁。文森特的课程有法文、英文和德文，他的成绩并不好。后来，文森特又被送往蒂尔堡的汉尼克学院。可是到了 1868 年 3 月中旬，他

这幅素描是文森特于1864年2月8日所画，在父亲生日时送给父亲作为生日礼物。当时文森特11岁。

父亲的经济情况开始恶化，无力支付昂贵的寄宿费用。文森特回到了格鲁特·赞德特——15岁时，他的读书生涯便结束了。

桑叔叔由于生病，把店卖了。巴黎的古皮公司买下桑叔叔的店，作为在荷兰的分行。这家公司的总公司位于巴黎的夏普塔尔街，有两家店面，一家在蒙马特大街，另一家在歌剧院广场。此外，古皮公司在伦敦和布鲁塞尔也有画廊。

文森特幼时所画的素描不多，大半都看不出他有绘画上的天分。但这幅作于1862年1月11日的素描，以一个9岁孩子来说，却极为突出，让人不禁怀疑是否真是他的作品。

1869 年 7 月 30 日，经桑叔叔的介绍，荷兰分行的经理泰斯提格先生雇用了少年文森特当销售复制品的店员。今天，这家分公司的信纸笺头上，还特别标明是以前的"文森特·凡·高画店"。

## 文森特·凡·高卖力、认真，是一个无可挑剔的模范店员

他看书，参观美术馆，过着有规律、刻苦、勤奋的生活。1872 年夏天，他离开海牙到海尔福伊特与家人团聚。自从 1871 年 1 月底他父亲被任命为海尔福伊特的牧师，他们家也搬到了那里。仍在附近市镇奥斯特韦克求学的特奥也回到家中。他们家的经济情况仍然没有好转。特奥无法继续求学，于是兄弟俩一起离开家。特奥先陪文森特回到海牙，在那儿逗留了几天。然后，文森特寄宿在鲁斯的家中。当特奥又回到奥斯特韦克，兄弟两人开始彼此通信。

12 月中旬，父亲通知文森特，由于桑叔叔再度出面帮忙，古皮公司聘请了特奥，他将从 1873 年起在布鲁塞尔的分公司工作。文森特写信给他的弟弟："我真高兴从此我们将从事同样的行业，而且是在同一家公司。我们以后一定要经常写信。"以后整整 17 年，他们两人持续通信，其间只中断了 3 次。

文森特 18 岁时（上图）所画的海牙皇宫池塘一景（右图）。19 世纪 70 年代初，他曾在海牙居住过。严格的教育使他成为一个正直不苟的年轻人。

海牙当时是荷兰首府，由于商业兴盛而欣欣向荣。1859年起国家由纪尧姆三世统治，他忠于议会政体，赢得人民的爱戴。在这个以"进步"为神祇的世纪里，荷兰这个社会安定的王国所付出的代价与欧洲其他各地相同，未蒙其利的人仍然过着贫困悲惨的生活。

第一次，从 1874 年 8 月到 1875 年 2 月，这是文森特彷徨、不安的转变时期。第二次，从 1879 年 10 月到 1880 年 7 月，文森特因为弟弟的责备而停止写信。第三次，从 1886 年 3 月到 1888 年 2 月，这段日子文森特就住在巴黎弟弟的家中，还需要写信吗？

　　1873 年 1 月，公司为文森特加薪。两个月后，文森特被调到伦敦。那儿的画廊只为画商开放。他在 6 月到达伦敦，居住的问题很快获得解决，但是，公寓似乎太贵了——一星期 18 先令，洗衣服的费用尚不包括在内。而且公寓里同住的几个德国人喜欢嬉闹唱歌，虽然是愉快的伙伴，一起出游时却爱乱花钱，文森特学不来……他想找一个比较便宜的住处。

## 文森特在伦敦开始接触英国绘画，他说是"去适应它"……

他读英国诗人济慈（John Keats，1795—1837）的诗，逛公园，到泰晤士河划船，上博物馆看画。他初识几位英国大画家的作品，例如，影响了法国巴比松（Barbizon）画派的康斯太布尔（John Constable），以及透纳（J. M. W. Turner）；擅长肖像画的雷诺兹爵士（Sir Joshua Reynolds）；兼作风景及肖像的庚斯博罗（Thomas Gainsborough）。关于康斯太布尔，文森特说："大约是 30 年前的风景画家。他画得好极了！有点类似迪亚兹（Narcisse-Virgile Diaz）和杜比尼（Charles François Daubigny）的风格。"迪亚兹和杜e比尼两人是当时的法国风景画家。

安格尔的《自水中升起的维纳斯》。此画所署日期极奇特："Ingres faciebat 1808 et 1848"（安格尔画，1808 至 1848 年）。动笔 40 年才完成！

公司里卖的是绘画复制品，如 19 世纪的法国古典画派大师安格尔（Jean-Auguste-Dominique Ingres，1780—1867）的《自水中升起的维纳斯》。另外也做彩色照片、剪贴簿等的生意。文森特干得十分起劲，仿佛公司是他自己开的似的。写给特奥的信（他的弟弟先是在布鲁塞尔，后来调到海牙接替他原先的职位）也像是商业信函，尽谈些业务上的指示、方法和建议等。"你要继续经常散步，热爱大自然，因为这才是学习深入了解艺术的正确途径。画家都了解大自然。"写这些话时的青年文森特并没有想到要当画家。这时他已 20 岁，感到心满意足，"什么都有，什么都不缺"，认为自己是"一个名副其实的四海为家的人"。尤其重要的是他发觉自己不再是个孩子，而是一个男人。

　　一个恋爱中的男人。从 1873 年 8 月起，他寄宿在卢瓦耶太太家里。卢瓦耶太太是个寡妇，家里有个 19 岁的女儿乌丝拉。文森特在离开伦敦前往荷兰之前，曾向

文森特在伦敦所见到的，不是维多利亚女王统治下的那种既豪华又严谨的一面（维多利亚女王从 1837 年起统治联合王国，后来又统治印度），而是男女杂处的贫民窟。维多利亚时代的基本精神："节俭、品格、责任"和文森特所接触到的贫穷百姓毫无关系。

乌丝拉求婚。卢瓦耶小姐没有答应。她告诉文森特，她已经私下跟别人订了婚。遭到拒绝的文森特回到海尔福伊特的父母亲家中，他感到失望、迷惘、茫然不知所措。有关这次创伤，他在写给弟弟的信中只字未提。

## 从 1874 年到 1875 年的冬天，文森特再度居留伦敦，有几个星期的时间陷于沮丧的情绪里

文森特回到了伦敦。他的妹妹，19 岁的安娜，陪他一起回来。安娜想在伦敦找工作，当小学教师、

文森特到了巴黎（下图为柯罗画笔下的巴黎）才接触到法国画家的作品，他从此不曾忘怀。1885年，他在信中跟特奥说："德拉克洛瓦、米勒、柯罗、杜佩雷（Dupré）、杜比尼、布雷东，还有另外三十多位画家，这些人不就是本世纪绘画艺术的核心吗？"

私人教师或贵妇人的女伴都好。有好几个星期，只有安娜陪着他。

　　文森特这次是住在肯辛顿新街 395 号的"常春藤小舍"。他对什么事都不再有兴趣。"在英国曾有过绘画的念头，却又消失了。不过，这个念头也许哪一天又会冒出来。"虽然有过念头，却无关紧要，什么事情他都无所谓了。公司呢？"我们可能要搬到另外一家店面去，比现在这间还大。"难道他还关心古皮公司的前途？至于妹妹的事："我们很难帮她找到工作。"他是否为此感到难过呢？

　　两个月后，文森特在给特奥的信中，附言中摘录了法国作家勒南（Ernest Renan，1823—1892）的

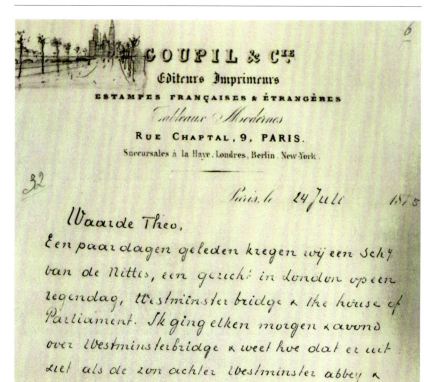

几句话："在这世界上，若要有所作为，必须舍弃自己。人在世上不只是为了求得幸福，也不单单是为了做个诚实的人。他活在世上是要为社会做大事，是为了成为高尚的人，超越芸芸众生的庸俗生活。"这正是画家凡·高一生的写照。那时，或许连文森特自己也不知道。

## 1875 年春天，文森特被调到古皮总公司

5 月中旬，他到了巴黎，在蒙马特租了个房间。他看了法国画家柯罗（Corot，1796 —1875）的画展（柯罗于数周前去世），参观了卢浮宫和卢森堡美术馆。

18 72 年 8 月到 1890 年 7 月，文森特写了 668 封以"亲爱的特奥"为开头的信，其中有荷兰文、英文和法文。这些信是他对有关绘画的种种问题所做的长期而用心的思考。

但这些活动都无法驱散开始萦绕在他脑中的神秘玄想。他这时写的信中都附有钉在他房间墙壁上的版画、读过的诗。每次，他都借此提及《耶稣基督的楷模》，引述《圣经》里的诗篇或章节。到了星期日，除了参观卢浮宫和卢森堡美术馆，他也上教堂，听牧师贝西耶讲道。这样又过了几个月，1875 年 9 月底，文森特写信给特奥："不必太在意与你无切身关系的事。"其实这句忠告是说给他自己听的，他现在只关心上帝。12月底，他没有预先通知公司里任何一个上级主管，便离开了巴黎前往埃滕。他父亲从 10 月底开始便在布雷达附近的这个乡村当牧师。圣诞节假期过后，文森特回到巴黎时，他与古皮公司的关系便结束了。

## 文森特满脑子上帝和神秘玄想，倾心宗教，他想全职奉献

　　文森特被解雇而离职后，应征了登在英国报纸上的几则求职广告。他在 23 岁生日那天，离开巴黎前往埃滕。就在他出发的当天早上，他才接到从英国寄来的回函。拉姆斯盖特的一位小学老师要文森特到他那里先住一个月，不付薪水，一个月的试用期过后才决定是否聘用他。文森特接到这回函便动身到埃滕，在那儿和父母亲住了两个星期。

　　1876 年 4 月 16 日，他抵达拉姆斯盖特，找到了斯托克斯先生的学校。这所小学有 24 个 10 到 14 岁

**18** 76年 11 月 4日，文森特在这座教堂（上图）首次讲道。此教堂靠近卫理公会牧师琼斯的家（下图）。

的男孩和一个 17 岁的兼任教学工作的舍监。文森特开始教这些学生一些基本的法文，也教一点算术、拼写等。监督学生洗浴的工作也由他负责。文森特干这个沉闷的工作并没有酬劳。他获得的代价"只有食物和住处"，空闲的几个钟头还要为学生补习功课。文森特需要的不是这种工作。6 月中旬，他去伦敦，想会见一位新教牧师。他曾经写信给这位牧师："我想要一个跟教会有关的职务，我还在寻找。"7 月初，斯托克斯先生把学校迁移到伦敦近郊的工人区艾尔沃思，文森特到了这儿还在寻找新的工作。斯托克斯先生仍然没有付他薪水。

这幅细心描绘的素描（左图）是文森特写给特奥的信上所附的插图。这是他在拉姆斯盖特，从斯托克斯先生的学校课堂望出去的景色。

## 他深信自己只能从事教师、牧师或传教士的工作

他想向穷人和工人"宣扬《圣经》里的话"。文森特经常前往伦敦找一些牧师帮忙，偶尔也还上美术馆。"在汉普顿科特宫美术馆又见到伦勃朗、霍尔拜因（H. Holbein）和贝利尼（G. Bellini）的油画，真让我高兴。"他不久便离开了斯托克斯先生。

牧师琼斯也在艾尔沃思郊区的霍尔姆科特街开了一所学校。文森特在开学前为这所学校布置饭厅。他用冬青树枝和常春藤编成"欢迎回家"的字样。

他此时仍一直在读《圣经》《使徒行传》《保罗书简》。"谁将把我从这死者的尸体中解救出来？"

这句话使他记起在巴黎时听到的贝西耶牧师的讲道，以及数月前在埃滕时他父亲的讲道，解除了萦绕他心中的烦忧。但文森特心中想到的是：死者是怎样死的？要把他从谁的尸体中解救出来？

10 月初，伦敦再没有任何牧师需要文森特的帮忙，这时琼斯先生也免除了他的一些教学工作。琼斯先生觉得他这个职员颇有传教的才能，便要求他负责拜访当地教民的工作。

**1876 年 11 月 4 日，星期日，文森特在琼斯先生的教堂里用英文发表了第一篇讲道："我只是世上的过客……"**

每个人的一生都是一场朝圣之旅。文森特讲道结束时，描述了"一幅美丽的图画：那是一片黄昏的景色。远处右边是暮霭中绵延的蓝色山脉，柔和的夕阳照耀着山坡，灰色云彩镶着

"**我**最近看了多雷 (Doré) 描绘伦敦的作品。我认为他的作品奇美无比，表现了崇高可贵的情感，譬如这幅乞丐夜间收容所即是。"

文森特给范拉帕尔的信
1882 年 9 月

金色、银色、紫色的边。放眼望去则是一片荒野，覆盖着青草和桂叶。这是秋天的景致"。文森特讲道时，心里想的并不是绘画。"我站在讲坛上时，觉得像是走出了黑暗的隧道，来到白昼的亲切阳光下。"

在艾尔沃思的日子，文森特关心的只有福音。每天早上，他给学生上课到下午1点。然后他或者陪伴琼斯先生，或者帮他去办事，接着为学生补习功课。只剩晚上和夜里可以用来写讲道辞，准备讲道的事情。文森特关注的对象都是生活极贫困的人。"明天我必须到伦敦两个相隔很远的地方去，一个是怀特查珀尔，最穷的贫民区，你从狄更斯的小说中可以知道这个地方。然后坐小船划过泰晤士河，到刘易舍姆。"文森特深入伦敦走访的地方，正是《伦敦巡礼》一书中所描写的地点。

圣诞节前几天，文森特寄给特奥一封长信，简直就像是长篇累牍的讲道辞。信中他以哥哥对弟弟说话的口吻，谈论主耶稣，说自己见到了他："他像是个朋友，比兄弟还亲切地拥抱你。"

接着，文森特回到埃滕，显得疲惫、消瘦，精神恍惚。他的父母为他担心，终于说服他不要回英国。多亏桑叔叔出面，布拉特先生同意让文森特到多德雷赫特，在他的"范布鲁塞与范布拉姆"书店当店员。1月底，文森特依约来到多德雷赫特。"我只希望有事情可以让我忙碌。"他住在粮食商赖肯的家里，房间墙壁上贴的是表达虔诚信仰的宗教图画——安慰世人的基督，圣母恸子图，效法耶稣基督图……

他经常坐在斜面小桌前，逐页抄写《圣经》，把它们译成英、德、法文。"我真希望把《圣经》全部装进脑子里，透过《圣经》的启示看人生。"

伦勃朗的《以马忤斯的朝圣者》。文森特非常欣赏伦勃朗的作品，几近崇拜。在他看来，伦勃朗差不多就是上帝存在的明证，因为谁看了他的画，就会知道上帝一定存在。

"此外，他始终是个高尚的人，非常高贵，极其崇高。不过，伦勃朗也有他另一面的才华。当他觉得不必如画肖像画那样完全忠于自然而可以发挥诗意时，他便成了诗人，也就是说成了创造者。"

1876年11月，在一封信的信纸边缘上，文森特用羽毛笔画了艾尔沃思的彼得罕和杜罕·格林两所教堂。

文森特会忘了下楼吃饭，有时彻夜不眠。在书店里，文森特老是在看《圣经》，老板倒也不说话。布拉特先生之所以容忍他，一方面是敬重文森特的父亲，知道他在经济上有困难；另一方面是同情文森特。此时文森特只有一个愿望：但愿自己成为基督徒，一个服侍基督的仆人。

文森特 1877 年在阿姆斯特丹苦读；8 月，他写信给特奥："在阿姆斯特丹的犹太区中心 (左图) 念希腊文，夏日的午后暑气逼人……那些饱学、诡诈的教授们所拟定的艰深的考题就好像悬挂在我们头上的……比布拉班特的炎炎麦田更令人窒息。"

文森特到阿姆斯特丹去找科叔叔和舅舅斯特里克。他们决定，无论如何都要使家人同意让文森特选修必要的课程，以便成为牧师。

## 他无法违抗自己的命运

文森特在 24 岁生日那天，进行了一趟奇异的凭吊之旅。他独自一个人乘坐末班火车，由多德雷赫特来到乌登巴什，再从乌登巴什徒步走到赞德特。"我人到赞德特墓地时，天色尚早，四周一片沉寂。我回去探望那些往日熟悉的角落和小径并等待日出。"在这个墓地，有一块墓碑刻着一个和他相同的名字：文森特·凡·高，1852 年 3 月 30 日（就是他那死产儿的哥哥）。在这个不眠之夜，不知道他是否在沉思这句

伦勃朗这幅《下十字架》(1633 年) 显然受了鲁本斯 ( Rubens ) 的影响，不过不同于鲁本斯的古典和严谨，伦勃朗丝毫不受拘束。他不认为画中人物必须具有古典美；他用的是种近乎露骨的写实方法，而这正是凡·高喜爱伦勃朗作品的原因。

祈祷词："谁将把我从这死者的尸体中解救出来？"
离开多德雷赫特时，文森特充满了为圣经福音献身服
务的信心。

在文森特·凡·高的心中，

宗教热忱战胜了一切。

他决心要当牧师，像父亲和祖父一样。

首先他要通过神学院的入学考试。

课程漫长而艰苦，学费和生活开销又不低，

光靠父亲一个人张罗打点，实在难以维持。

由于"牧师"这职业是文森特家族的传统事业，

家中的人敬重这个传统，也就支持文森特的选择。

在阿姆斯特丹的叔叔、舅舅们都动员起来，

接待他吃住，照顾他的生活，为他的课业出主意。

## 第二章
# 传教与素描

特奥（右图）在1857年5月1日生于格鲁特·赞德特。对文森特来说，特奥不仅是弟弟，也是他的精神支柱。有了特奥精神上和财物上的支持，才有画家凡·高，才有凡·高的画。

左页图是《尼厄嫩教堂礼拜后的人群》，文森特绘于1884年1月。

文森特的叔叔约翰内斯，在阿姆斯特丹主管造船厂，妻子已经去世。文森特就住在他家里。斯特里克舅舅是牧师，时时督促文森特。此外，科叔叔在莱欣斯塔街上有一家画廊，文森特经常上那儿转转。1877 年 5 月初，文森特才到阿姆斯特丹没几天，科叔叔便带来好几刀旧纸，好让文森特学希腊文和拉丁文时，拿来做练习用。准备神学考试必须学习的功课艰辛而繁多，文森特知道自己要苦读。画家柯罗的话是他的座右铭："这需要的不过是 40 年的努力，40 年的思考和 40 年的专心。"

文森特在市区散步时，想到的是 200 多年前住在这儿，也在此成名的伦勃朗。"这个城市的一街一景、一草一木都让人想起伦勃朗的画。"其他画家的人和画，也常浮现在文森特的心上。给亲友的信里，凡是描写风景或他见过的画家，他都会谈到：雷斯达尔（Ruisdael）、马里斯（Maris）、托瓦尔森（Thorwaldsen）、朱尔·古皮（Jules Goupil）、格鲁（Groux）、杜比尼……

## 在伦勃朗的一幅铜版画上，旁边空白处写了这么一句话："光明乃是在黑暗中展现其力量。"

伦勃朗这话很受用，文森特矢志要努力。尽管叔叔严厉禁止他熬夜，他仍然常点着小瓦斯灯彻夜用功。

虽然文森特坚持不懈、毅力惊人，有时心里仍不免突然惶恐不安。"我怎么吸收得了这些深奥繁杂的知识呢？"不过，他总是能恢复信心。斯特里克舅舅介绍他认识了一位医生，叫孟戴斯·达科斯塔，由他来教文森特希腊文和拉丁文。上课的房间就在犹太人聚居区的中心，到了夏天异常闷热。文森特想必不

约翰内斯叔叔是海军司令，1827 年时妻子去世，独自住在海军造船厂一幢空荡荡的大屋子里。他的孩子都长大离家了，所以能够接待侄儿文森特住到家中，让他准备神学院的入学考试。

把这些难处放在眼里而能一意苦学。

文森特一向敬重斯特里克舅舅，说舅舅"学问很好，有不少好书，热爱自己的工作，看重自己的职业"。文森特上了一阵子课之后，这位负责又好学的舅舅考问他，文森特的回答让舅舅很满意。

夏天、秋天过去了，斯特里克舅舅的要求和监督一点也没有放松。他又考问了文森特，觉得侄儿的学习结果不尽理想。文森特承认自己学得十分吃力，并向舅舅保证，一定会尽其所能继续用功。老师孟戴斯倒没有表示任何意见。在文森特眼中，这位老师是个模范："不论什么事我都向孟戴斯请教。"不过，有件事文森特没有说出口——他认为自己不够用功时，便会惩罚自己，用苦刑折磨自己。他曾用棍子敲打自己的背，或在寒冷的夜里强迫自己睡在室外。

见文森特在代数和几何方面毫无进展，孟戴斯便把自己一个侄儿，泰克赛拉·德马托斯介绍给文森特。孟戴斯的侄儿在犹太人的学校和穷人的学校教书，由他来教文森特代数和几何的基本知识。文森特觉得，把这些烦人的知识和希腊、意大利的历史、地理一股脑儿塞在脑儿里，真会妨碍他学习最根本的东西——他想要"研究真正的神学和练习口才"。烦归烦，文森特仍然锲而不舍。

阿姆斯特丹附近的野地风景。这张图是1878年4月3日，文森特写给特奥的长信中的附图。他说这只是"涂鸦"。

**"我愈来愈需要花力气，读得很辛苦……我必须努力……这事关系我的一生。我现在真的是为了生存而奋斗。"**

关系他的一生……文森特真的想进神学院吗？他不是说神学院是个"藏污纳垢的地方，伪君子的温床"吗？这几个月，他经常到特里班于，为的是欣赏伦勃朗的画作《呢绒商同业公会理事》。每次写信，他总不忘记问特奥，他们那个当画家的表哥毛沃（Anton Mauve）近况可好。

文森特也画素描。"我写信时，偶尔会信笔画些小画……不是什么了不起的画，不过它就是清晰地出现在脑子里。我想是种直觉吧。"他在信中这么写。既是直觉，何不顺其自然？ 1877 年 12 月 4 日，他信中提到刚过世的汉叔叔："我们该感谢上帝，他死得颇为安详，他终于解脱了。"就这么几句话，仿佛汉叔叔只是个邻居。但当他得知画家布里翁（Brion）和杜比尼去世的消息，他却异常难过。"如果你懂得这些人的作品，那么它们一定会感动你。若临死前知道自己所做的事是美好的，知道可以因这些美好的事而在一些人的记忆里长存，给后人一个好榜样，该是值得欣慰的。"

## 1878 年 10 月，阿姆斯特丹神学院拒文森特于门外

文森特大感失望，甚至有受辱的感觉。但是他的决心并没有动摇，他还是要当牧师。对于这次的失败，他三缄其口，谁也不说。文森特又前往埃滕。此时，当年文森特在伦敦近郊的艾尔沃思结识的琼斯牧师向他提议，说他认识布鲁塞尔一位叫波克玛的牧师，是佛拉芒福音传道学校的校长。那儿的学费稍

"**清**晨可喜，曙光灿烂如金，人对事物的第一印象亦是如此。虽然第一印象会消失，却有它的价值。因为一段时日过后，似乎最初的印象比较正确，易为人所怀想。"

致特奥的信
1878 年 5 月

《落日》，杜比尼的作品。杜比尼和另几位画家如布丹（Boudin）和戎金（Jongkind），以实地写生的画法，影响了当时的青年画家。他们几个人第一次展出作品时，即被冠上印象派画家的称呼。杜比尼经常坐自己的小船"波丹号"出门写生。他总是一手拿画笔，沿着塞纳河岸航行。他和柯罗有过一段交情，经常一起作画。后来他受到库尔贝（Courbet）的影响，也尝试捕捉一瞬即逝的自然景色。

低，而且只要待3年就行，文森特不用毕业就可以派去传教。但是所需的生活费太高了，文森特连在布鲁塞尔待上3个月的钱都没有。大家讨论一番，最后决定：文森特在埃滕用功，但定期到玛林那拜访牧师彼得森，到布鲁塞尔拜访牧师德·荣吉。

　　文森特一回到埃滕，便准备写几篇文章。"我打算动笔写一篇文章，从伦勃朗的《木匠之家》这幅画谈起。"虽然文森特在纸上谈画，他心里想的却还是传福音。但这两件事有很大的差别吗？文森特认为可以当作"真生命粮食"的东西，其中之一是"崇高

《捐铲子的矿工》，文森特 1879
年夏天在博里纳日时所
画。1880 年 9 月 24 日，
他写信给特奥："现在
的煤矿工人和织布工
人跟一般的劳动者或
工匠仍有些不同。我
对他们甚为同情。如
果哪一天我能够把这
些鲜少被人画过的人
物画出来，我会非常
高兴。煤矿工人'出入
深渊'；织布工人神情
如梦似幻，仿佛梦游
的人。我和他们一起
生活了差不多两年，
大略了解他们独特的
性格。"

的艺术"。文森特眼里的艺术是"那些以感情、思想、智慧来从事创作的人，所留下的作品……那是属于精神和生命的"。

8月底，应德·荣吉牧师的要求，文森特进布鲁塞尔附近的拉肯一所学校当见习生。结果是白费力气。文森特的一个同学回忆："他不懂什么叫顺从。"他性格独立，不守常规，有时还脾气暴躁，但德·荣吉和波克玛两位牧师不是以这些理由拒绝文森特的。他们告诉文森特，虽然他还没有结束学习，不过他无法再以佛拉芒人所享有的优待条件留在学校。文森特只好快快离去。

**煤** 矿工人经常光顾这家叫"煤屋"的小咖啡馆，位于纤道附近。这张素描，文森特画于1878年11月。

## 1878 年初冬，文森特前往比利时的博里纳日地区。"向穷人和需要的人宣扬福音"，剩下的时间则教书

这个煤矿区位于蒙斯和法国边境之间。文森特只在地理课本上读过博里纳日这个名字，然而他来到了这里。他住在巴突拉吉教堂街39号，这是一个叫

**文** 森特住在煤矿工人夏尔·德克吕克的家中。德克吕克屋子的模样，恰恰像这幅不知其名的作者所画的。

范迪·海根的流动商贩的家。晚上文森特为这家的孩子上课，以抵付寄宿费用。白天，他终日探访病人，为煤矿工人讲解《圣经》。文森特在此独自一人传教，布鲁塞尔福音传道学校的委员会见状大为不悦，不愿让他继续下去，便派给他一份非正式的传道职务，要他到瓦姆工作 6 个月。

文森特这次先是住在面包商人让-巴蒂斯特·德尼家里。可是煤矿工人生活贫苦，"要跟煤矿工人打交道，必须自己也是个煤矿工人，不能自命不凡，也不能自以为有学问，否则就无法跟他们打成一片，得到他们的信任"。所以文森特改住到一间棚屋里，睡的是稻草铺成的床垫。

## 文森特以福音为依归，要在赤贫的人群当中做一个穷人

他亲自下矿井去。"到矿井里去要坐在一种篮子或笼子里，像汲井水的吊桶。矿井深 600 或 700 米。到了井底抬头往上瞧，洞口的亮光"宛如星星"。

在瓦姆，绘画对文森特来说只不过是个回忆。"你跟我谈绘画时，不要忘记我多少还是懂的，虽然我已经好久没看画了。博里纳日这个地方没有画；这儿的人压根儿连画是什么也不知道。"

文森特与矿工为伍，呼吸污浊恶臭的空气，受地下湿气的侵蚀，随时有瓦斯爆炸、地道坍塌的危险。他在信中说："大部分的矿工身体瘠瘦，因热病而脸色苍白；看起来劳累不堪、筋疲力尽；他们皮肤发黑，未老先衰。"3 月，文森特父亲来访时，文森特看来就像自己所描述的矿工。文森特为矿工包扎伤口，为他们祷告。

虽然置身一个黑色的国度里，但是文森特的目光仍然敏锐热烈。他常常坐在瓦姆附近的小山岗，俯

《煤矿工人返回地面》，博里纳日，1881 年 4 月。文森特画里煤矿工人的这种疲惫情况，不只是他作画的题材；文森特为了传教，每天就过着这种日子。

瞰河谷、仰望天际："大部分时候，那儿好像飘着一层雾；若不是雾，就是景色里的明暗变化所造成的效果让人想起伦勃朗、米歇尔（Michel）、雷斯达尔等人的画。"偶遇一个工头，也让他想到绘画："我第一次见到他，便想起梅索尼埃（Meissonier）的画《看书的人》。"

布鲁塞尔福音传道学校对文森特不满，不是因为他念念不忘绘画这回事，而是他牺牲忘我的精神和狂热的干劲。他们不能容忍他那种不顾常规的宗

教热忱。

　　因此，1879 年 7 月底聘约期满，文森特没有获得续聘。文森特愤懑之下，不等人家解释，也不期望这项决定有所改变，便离开了瓦姆，徒步前往布鲁塞尔。

　　他茫然不知何去何从，他需要别人的忠告。他去找彼得森牧师。彼得森牧师也画画，他的画"学谢尔福（Schelfhout）或霍本布鲁尔（Hoppenbrouwers）的味道"。文森特拿了几张素描画给他看，后来，"他向我要了一张矿工的速写"。

　　文森特欣然向特奥透露："我常画画，画到夜深了才歇手。画一些回忆，画我眼睛所看到的世界。"他又说："我在布鲁塞尔的书店里，买了一本旧荷兰纸的大素描簿。"这是他第一次购买绘画用具。

《有〈圣经〉的静物》，1885 年 10 月。当时文森特写信给特奥："你在信上对我描述了马奈的习作，所以我寄给你一幅静物画——画里有一本摊开的皮面《圣经》（所以不是全白的颜色），背景黑色，前景黄褐色，加上一本黄柠檬色的笔记本。我那天一口气把它画完。"

**教会批评文森特传教过于热心。文森特遭教会排斥，于 1879 年 8 月搬到奎姆，住在传教士弗兰克先生的家中**

尽管没有任何教会支持，但是文森特仍要继续对穷人传教。

文森特的处境孤单无援，受到排斥轻视。没有人赞同他那种不顾一切、一意孤行的顽固做法。的确，他根本不理会别人的意见。10 月初，特奥到奎姆走了一趟。过去 2 个月来，文森特没有写信，也不回复特奥在信中提出的问题；文森特不接受任何建议，不理睬任何恳求，更不听从任何命令。文森特没有文凭，没有教会赋予的职衔，也没有钱。《圣经》就是他的文凭；他有信仰就可以传教。至于金钱，只能靠慈善募捐。

特奥来访后，文森特的决心没有改变——他不再去进修了。"在阿姆斯特丹的那段日子我记忆犹新。你当时也在场，所以不会不明白，那时我们是如何考虑再三再进行讨论商量，大家都是求好心切，然而结果却落得惨不忍睹……和那些日子相比，我倒觉得这个落后地区的艰苦生活是我向往的，是吸引人的。"同时，文森特说："我觉得，有时候我从樵夫身上学到的东西，比希腊文还要有用。"

特奥以前建议过文森特去学一项谋生技能，譬如学印账单或名片的笺头，或学做面包，或当会计师、木匠、理发师、图书馆管理员，不管哪种行业都行。但特奥的劝说不但没有成功，反而使得文森特认为弟弟怀疑他有意依赖别人过活。文森特深感痛心。他辩称："我真想提醒你，我一直赋闲在家，情况是颇为特殊的。与其自己成为你或他人的负担甚至累赘，自己一无是处，不久会被你视为游手好闲，惹人

> "如果一个囚犯被迫孤寂度日，不能工作，久而久之便会受到影响。这"久而久之"太久了的话，就像饿肚子饿太久了，总是不行的。我也需要亲切的朋友。我不是饮水机，也不是路灯，所以我不能没有朋友，否则就会……感到异样的空虚，觉得生活好像缺少什么东西。我跟你说这些，是要你明白，你来看我带给我多大益处。我希望我们之间永远不会成为陌路，我也希望自己永远不会离弃亲人。不过，目前我不想回家，我很喜欢留在这儿。"
>
> 致特奥的信
> 1879 年 10 月 15 日

嫌恶，倒不如没有我这个人为好。知道自己在别人眼中会逐渐消失——要是事情只能如此，我会伤心难过，绝望痛苦……若真的如此，我宁可尽早离开世界。"这几句惶恐绝望的话，11 年后竟成谶语……

## 就算可能被人视为寄生虫，他也不放弃"真生命"的道路

然而，他仍不能容忍别人的反对和指责。"有张画，展出目录上说是梅姆灵（Memling）的作品。可是，那张画只不过取用了类似的题材而已，根本不像是梅姆灵的作品。我实在看不出它有什么艺术价值。面对此张油画而无动于衷的人，难道错了吗？"这个比喻无法让特奥信服。文森特总以为，不论发生什么事，他与特奥决不会成为陌路人；这回，特奥竟责备了他。

《唤拾穗者收工回家》，布雷东绘于 1859 年。在文森特的心目中，布雷东的画极具参考价值。布雷东以劳工为绘画对象，不像那些因袭传统的画家，以历史典故、神话故事为题材，或抄袭前人的作品。

于是，文森特整整9个月不写信。

这段时间，文森特忍饥挨饿，宛若被众人遗弃，只有父亲寄来几个法郎。其实，这钱是特奥以父亲的名义寄的，但文森特全然不知情。1880年7月，文森特路过埃滕，听村里人说特奥刚刚给他寄了一张50法郎的汇票。于是，回博里纳日后，文森特打破僵局，给特奥写了信。几个月来，他跟博里纳日的矿工用法语交谈，而特奥已经在巴黎上班，所以文森特的信是用法文写的。文森特把一切事情看得很明白。"我似乎成了家中的头痛人物，难以相处又让人不放心……我个性冲动，容易做出不合理性的事情，事后多少感到后悔……为什么这几年来我始终找不到工作，其中一个原因很简单：只是因为我的想法和那些人不同，他们把位子给了那些和他们一样想法的人……"

布雷东除了善于描绘穷人的悲苦生活外，他也画风景。他画了许多乡村生活的情景，在画坛以此画风享有盛名。

这封信很长，其中一句话下面划了线："即使现在我远离家乡，我仍然时常思念家乡。"

## "我到底能做什么有用的事！我内心仿佛有某种东西蠢动着，它究竟是什么！"

"有这么一个人，他喜欢伦勃朗，而且他知道真的有上帝存在，他确信。"文森特孤独无援，无力克服障碍："人总是无法明白究竟是什么捆绑着他，像被什么东西活埋了。不过他能感觉到自己好像置身牢笼或监狱里，四周尽是围墙。你知道如何打破樊笼吗？要靠真实深刻的感情。能爱人如朋友、如兄弟，就能以无比的力量冲破樊笼。心中无爱的人就永远活在死亡中。"这话听来仍有文森特讲道的口吻，特奥并不在意，他开始支持文森特——文森特上次有信来，是 9 个月前的事了。

于是，从 1880 年 8 月底以后，文森特给特奥的信中满纸都是绘画的事。"只要我能继续努力，我一定会重新振作起来。"特奥从巴黎给他寄版画，让他临摹。文森特觉得自己需要研究一下几位大师的人物素描，诸如米勒、布雷东、布里翁、鲍顿（Boughton）等人的作品。他勤练素描，作画不辍。"我画了一张素描，一群男女矿工在清晨的雪地里朝矿坑走去，小路旁是一排荆棘，这些人在晨曦中隐隐约约犹如影子。"10 年前文森特在海牙当店员的那家古皮公司，还是泰斯提格先生在做主管，他寄了巴尔格编

"**我**画了一张素描，一群男女矿工在清晨的雪地里朝矿坑走去，小路旁是一排荆棘，这些人在晨曦中隐隐约约犹如影子。背景是朦朦胧胧的矿区建筑物衬着天空。"

致特奥的信
1880 年 8 月 20 日

的绘画讲义以及有关解剖学和透视学的书籍给文森特。这些书文森特读得津津有味，并把读后的心得应用在练习上。他画的是他朝夕相处了两年的矿工和织布工人。文森特说，"这些人还没有入过画。"

## 文森特每天练习素描，逐渐走出"困境"

不管所画的题材是否新颖，文森特领悟了：画画救了他。"重又开始画画，我真有说不出的高兴……我仍觉得自己脆弱，也仍因为有所依赖而痛苦，但是我的心情已经平静下来，精力也逐日恢复……"

为了保持这份平静，他必须离开奎姆，离开博里纳日。看来是绘画胜过了传道，但文森特希望"画些能够表现人性的东西"。

矿工是文森特百画不厌的题材，也是左拉小说《萌芽》的主角。凡·高的博里纳日之行过后几年，左拉才着手写这本小说。

**18**80 年 10 月，布鲁塞尔。

一年半以前，福音传道学校拒文森特于门外；

此番他重回布鲁塞尔，怀的是另一个梦。

他一抵达，便去拜访了古皮公司布鲁塞尔分行的

负责人施密特先生，

央求他介绍认识几个艺术家。

施密特先生虽然十分热情地接待了文森特，

但得悉文森特迟至 27 岁才打算起步绘画，

总不免表示怀疑。

第三章

**人物画与贫苦**

"**我**觉得我调色盘上的颜色没有偏缺，很合用。"

文森特对模特儿素描一窍不通，对解剖学和透视学也认识不够。施密特先生觉得，至今一事无成的文森特应该先到布鲁塞尔美术学院去上课。文森特自己则认为，学院里的传统教法并不适合他。他担心那里的"学院人士"会像传道学校的老师一样，虚伪做作。

文森特倒希望能单独跟随一位画家，学习"有关比例、明暗和透视的法则"。他认为这些才是重要的知识。他不认为画那些希腊罗马的石膏像能让他获得"半点解剖学知识"。

跟随哪个画家好呢？几个月前，特奥在巴黎认识了一个青年画家，安东·范拉帕尔（Anton van Rappard）。范拉帕尔比文森特小5岁，正在布鲁塞尔学画，在特拉韦尔西埃尔街上有个画室。文森特常去找他。这两个年轻人差异极大。气质犹如骑士贵族的范拉帕尔是个有钱人，出身牧师家庭的文森特则太穷。

文森特住在南方大街72号的房间，房租50法郎，附带每日三餐——面包和一杯咖啡。特奥每月寄给他60法郎，扣掉房租，只剩10法郎。除了食宿，文森特还得购买素描用具，支付模特儿费用，买书，买日用品和衣服。"不用说，我的花费会超过60法郎……"

## 文森特自信很快能学会素描，然后他要在伦敦或巴黎靠画素描维持生活

"现在，素描画得好的人很容易找到工作，这种人到处有人要。"因此，文森特苦练不辍。

范拉帕尔和文森特经过几个星期的互相观察之后，定期在一起作画。范拉帕尔不但教文森特透视学

范拉帕尔（下图）和文森特一样钟情于绘画。后来文森特受不了他的批评，两人遂分道扬镳。

"尽管我经常糊涂犯错，却不至于会轻信别人的假话。我很清楚我的目标。当我想画出我的感觉，而且对自己画的东西有感受时，我便相信我走的是一条正确的路。所以别人怎么议论我，我也全不在乎。"

致范拉帕尔的信
1885年8月

的观念，还借给他解剖学方面的图片。

　　4 月初，范拉帕尔就要离开布鲁塞尔。文森特获悉此事顿感彷徨：再待下去有什么用？又怎么待下去？哪来的钱？先向别人开口试试。古皮公司的泰斯提格先生认为文森特想"依赖叔叔、舅舅过日子"。他的叔叔、舅舅及他的父母也相继指责文森特

很长一段时间，文森特不画人像，只画他所谓的"人物画"。他描绘的，不是人的相貌，而是人物的姿态或动作，通常是劳动时的姿势。这幅《哭泣的老人》（1882年）不是人像画，如果一定要说是人像画，那么文森特乃是以"绝望"为其模特儿。

"游手好闲"。只有特奥站在他这边，回埃滕在家人面前为哥哥辩护。文森特在 4 月也回埃滕与特奥见了面。文森特的一身黑丝绒西装已经磨损，破洞用补丁草草缝补，看起来像个流浪汉。"画室里大家都这么穿的"——文森特的话丝毫没能安抚他的父亲。

　　尽管误会未解，忧虑也挥之不去，大家还是让他在家里随心所欲地工作了一段日子。他又开始画画。范拉帕尔也来和他一起工作。他们每天到沼泽边的灌木丛画素描。过了 12 天，范拉帕尔离去之后，文森特开始研究卡萨涅所写的《论水彩画》。他一直只用铅笔画画，最近试着用线条较粗的芦苇笔来画阴影，做最后的修饰。他描摹名家作品，研究从布鲁塞尔带回来的版画，都是米勒的作品或仿米勒的版画；他还研究素描讲义中仿霍尔拜因的版画。

海 牙古皮公司的泰斯提格先生。

8月，他到海牙住了两天，把自己的习作拿给泰斯提格和毛沃看，他们都认为他的画有进步。文森特写信告诉特奥，表哥毛沃希望他开始画油画。他又拜访了德博克（De Bock），这位画家劝他多画人物画。返家途中，他取道多德雷赫特，去那儿的一排风车。回到埃滕，他果然开始画人物画。"我必须不停地画，画那些掘土的人、撒种的人、耕田的人、男人和女人。凡是和农村生活有关的，我都要仔细观察，好好儿画下来。"到了10月中旬，文森特仍勤画不辍。他告诉范拉帕尔："我画形形色色的男人、女人，掘土的、撒种的都画。目前，我大多用炭笔和石墨笔作画；也试过用墨汁和胶画颜料。不知道您是否认为我的画有进步，不过您一定会发现我的画不一样了。"文森特虽然知道自己进步了，却又不免惶惑。他写信给特奥："我想去找毛沃聊一聊，看看要不要开始画油画。要是决定画油画，我便要一直画下去。不过开始之前，我希望先跟别人谈谈。"

经过多年来的怀疑、漂泊和挫败，文森特总算懂得了自己；对于自己要做的事，也稍有把握了。

**为**了向特奥证明自己确实在画素描，文森特把速写作品临摹在信纸上给他看。

《**疲惫**》（左页图），素描加淡色水彩。此画为范拉帕尔所持有。文森特画的是"一个生病的老农夫，坐在灶前的椅子上"。

## 爱上一个女人，文森特加倍努力作画

1881年8月，文森特的舅舅斯特里克牧师，把女儿基（大家叫她卡特）送到妹妹和妹夫家小住。卡特年纪比文森特大一些，有一个孩子，丈夫刚过世。
文森特见到卡特，为之神魂颠倒。"见到她以后，我
画画更得心应手了。"文森特向她吐露爱情。但卡特
丧夫之痛犹未平复，文森特的爱来得不是时候。文森
特一再坚持，卡特次次回绝："不行，绝对不行！"
文森特上次爱情受挫，多年来内心悲苦，怨恨女人，
常常说："女人是君子的磨难。"现在，一厢情愿栽
进爱恋的文森特，则常常引用米什莱的一句话："要
有女人的鼓舞，你才能成为男人。"

　　卡特回到阿姆斯特丹后，文森特不断地给她写
信，她始终没有回信。文森特这种毫不死心的举动使
他的舅舅和父母感到很不耐烦，认为文森特非常不懂
礼数。文森特气愤之余，不久便前往阿姆斯特丹。

　　文森特找到斯特里克牧师的家，没有预先通知
便径自前去按铃。全家正在吃饭，独不见卡特。文森
特要求舅舅和舅妈告诉他卡特的去向。他舅舅没有作
答，只拿出一封信念给他听，借此让他明白不要再
纠缠卡特，因为卡特在信上断然拒绝了他。文森特愤
愤把手伸到煤油灯的火焰中，威胁说非要见到卡特不
可。结果手严重灼伤，却没能达到目的。

## 爱情再度受挫，只好在绘画上寻找寄托

　　12 月初，他离开阿姆斯特丹，到海牙去找毛
沃。毛沃曾经答应到埃滕来教他画油画。文森特想在
毛沃这儿住一阵子，把自己的习作拿给他看。

　　第二天，毛沃在他面前摆好"几样静物，其中
有一双旧木鞋"。文森特生平第一次拿起调色盘，在
画室中画油画。毛沃看了文森特画的静物之后说：
"我以前一直认为你是个大笨蛋，现在我才明白，我
必须对你另眼相看。"文森特终于下定决心：要成为

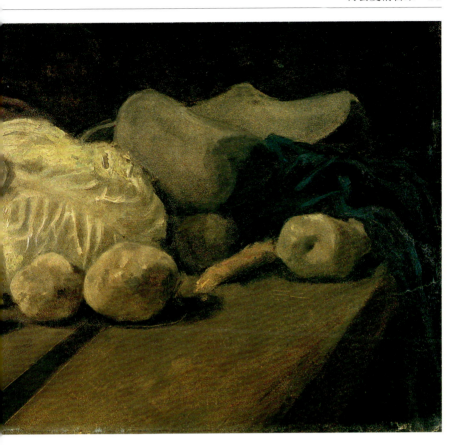

画家。

　　他毫不迟疑，先在城外租了个房间，就在申克街 138 号，离毛沃家走路只要 10 来分钟。房租每月 30 盾（银币名，约合 1.5 先令），附早餐，有卧房、凹室和一扇朝南的窗子。特奥每月给的 100 法郎应该绰绰有余了。

　　文森特匆匆回埃滕去拿衣物和以前画的素描，孰知又和父亲发生了口角。圣诞节那天，文森特拒绝上教堂做礼拜。他对父亲说，他视宗教如"霉运"，避之唯恐不及。父亲把他赶出家门，文森特愤然回到

《有甘蓝菜和木鞋的静物》，1881 年 11 月作。此画是文森特在毛沃的画室里，由毛沃指导所画成的。这是凡·高的第一幅油画。

海牙。上次他无法见到卡特，心碎欲绝地来到海牙时，曾遇到一个贫苦的女人；文森特认为这种女人"在社会地位和人生经历上可以说是我的姊妹"。他找上这妓女是因为自己"需要别人的关爱，也为了满足生理上的需要"。她叫克拉齐娜·玛丽亚·胡妮克，外号叫西嬷。文森特喊她克里斯蒂娜。此女 32 岁，麻脸、酗酒，并且有孕在身。可是她"有点像夏尔丹、弗雷尔、甚至扬·斯滕笔下的人物"。

毛沃是海牙画派的一员大将。

## 毛沃的指导加上女人的安慰，文森特全心作画。然而痛苦亦随之而来……

毛沃送文森特颜料、12 支画笔、调色盘；借给他100盾安顿住处；鼓励他画水彩。虽然毛沃待文森特如学生，而且定期指导他，两人之间的关系有时却很紧张。两人都受不了别人的批评。文森特与其他画家也有来往，如马里斯、德博克、布雷特内（Breitner）、魏桑布鲁克（Wiessenbruch）等人。魏桑布鲁克颇欣赏文森特的画。文森特喜滋滋地把这事告诉了泰斯提格。

泰斯提格用 10 盾向文森特买了一张小素描。但文森特跟身边人的关系越来越糟，因为他不许别人的态度有所保留。有条件的赞同对他来说是侮辱，批评则是否定。龃龉、埋怨、争吵是家常便饭。

渐渐地，有模特儿定期到他画室来。他手头少许的钱都花来雇模特儿了。3 月间，科叔叔向他订购第一批羽笔素描——12 张海牙的风景画。文森特获得一笔 30 盾的意外之财！可是风景画非他所好。"当我画风景，这些画'感觉上'总像是人物画。"真正让他念念不忘的是人物画。他要求模特儿摆出的姿势，不是学院派式的，而是种田妇人或裁缝女工的姿态。

他为了了解人体动作的实际状况，以及如何在纸上掌握这动作，便细读卡萨涅的《素描初步指南》，终于对透视有了把握。4月里，他发现自己来海牙之后，"每星期都能够画出以前不会画的东西。"文森特以西嫣为对象，画了两幅画：《贵妇人》画一个受良心谴责之苦的女人；《悲哀》则描绘一个身陷绝望的人物。

春天以来，他已经几星期不见泰斯提格。两个多月来，毛沃也不愿意见文森特——两人不和，导

《斯海弗宁恩附近沙滩上的渔船》，毛沃绘于1876年。文森特也经常在这片沙滩上对着船只和渔夫画素描，有时也作油画。

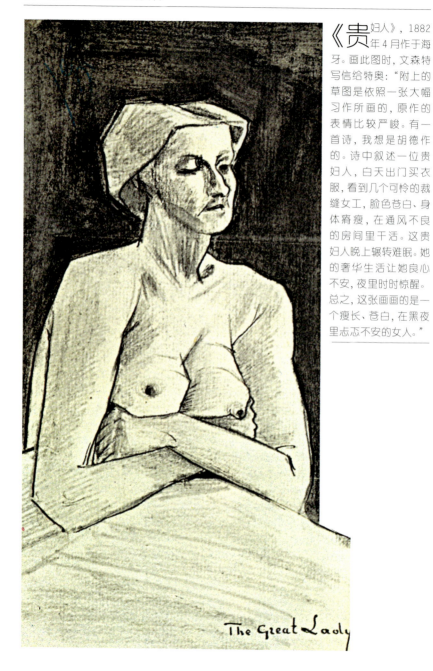

《贵妇人》，1882年4月作于海牙。画此图时，文森特写信给特奥："附上的草图是依照一张大幅习作所画的，原作的表情比较严峻。有一首诗，我想是胡德作的。诗中叙述一位贵妇人，白天出门买衣服，看到几个可怜的裁缝女工，脸色苍白、身体瘠瘦，在通风不良的房间里干活。这贵妇人晚上辗转难眠。她的奢华生活让她良心不安，夜里时时惊醒。总之，这张画画的是一个瘦长、苍白，在黑夜里忐忑不安的女人。"

The Great Lady

火线是画石膏像的问题。可是，文森特的脾气改得了吗？

　　"我会遭受很大的痛苦，原因就在于我的性格。可是我无法改变。别说我的外表改不了，我说的话、穿的衣服也就是这个调调。再说我所交往的人——即使以后我有钱，我也会继续跟这些人打交道，这是我对人生的看法和绘画题材使然吧，我就是这样的人。"

　　文森特明白：绘画决定了他的生活——他必须尊重绘画，尊重自己的信念："我画画不是要惹恼谁，而是要激起人家的兴趣，让他们注意到那些值得看却始终不曾看到的东西。"这恐怕是对绘画所下的定义中最严格的一条。绘画是一种启蒙，让人看到唯有绘画才能表达的东西。

## 寒酸的外表、毫不妥协的见解、严格的要求——人际关系的障碍

　　这个女人胸像是当时在任何美术学院都可以看到的传统石膏像。毛沃一直要文森特画石膏像，文森特就是不肯。这是他们决裂的主要原因。

　　4月底，一阵暴风雨吹掉了他画室的窗子，刮走了他的素描，弄翻了画架。文森特以这些损失为借口搬了家。邻近的房子有两层楼，当画室会宽敞些。房租只要 12.5 盾。他要搬家，然后组织个家庭……文森特告诉特奥，等西嫣在莱顿生下孩子回来后，他要"偷偷"和西嫣结婚。她不是负担，而是帮手；而且，没有文森特，她

　　一定会堕落。文森特生怕弟弟由于反对他结婚而不寄钱来，那无异于宣判他死刑。

　　他通知特奥自己要结婚之后几天，又对他说，自己心情烦躁，晚上失眠。他清晨 4 点到外面画素描，因为"要看出景物的基本结构，这是最好的时刻；此时东西还没有什么颜色"。5 月底，特奥寄来的钱已用罄，连向他告急的明信片也没钱买邮票。如果 6 月 1 日付不出房租，他会被撵出去。老天帮忙，特奥的钱及时到达。房租付了。但文森特和西嫣的事情家里也知道了。他们打算召开家庭会议，监管文森特的财务。

## 文森特受家人摈斥，境况悲惨。他心力交瘁，终于不支病倒，住进海牙市立医院

"我好像是患了所谓的淋病。"从病房的窗子可以看到"一片鸟瞰的景致，那种神秘气氛像煞雷斯达尔或范德米尔（Van der Meer, 即 Vermeer）的画。傍晚和早晨光线效果好的时候尤其像。可惜我现在没那体力作画"。同时，"这医生正是我喜欢画的那类人，他很像伦勃朗的某些自画像。"

他还说："我打算学这医生对待病人的方法来对待我的模特儿——态度坚决，要他们迅速摆出适当的姿势。"文森特在医院总共住了 23 天。

一出院文森特就前往莱顿。西嫣生下了一个男孩。文森特见到她以及"模样有点像哲学家"的婴儿，非常高兴。不过他站在床头时，心里在想："一片黑影仍笼罩在我们的头上。德国绘画大师丢勒（Albrecht Dürer）在一对年轻夫妇身后画上死神不是没有用意的。"在婴儿摇篮旁边，他感受到"圣诞夜一般的永恒诗意，一如荷兰画家米勒、布雷东等人在画中所表现的气氛"。

回到海牙，文森特布置了一间画室，"室中的一切都驱策我、鼓舞我。"可是别人对他还是没有信心，总说："嗳！你画画就跟你以前做任何事一样，一定是虎头蛇尾。"特奥倒还支持他，并要来探望他。

文森特预先警告："我一身难看的衣服，像透了鲁滨孙。所以，最好不要让人家看到我跟你走在一起。"

文森特为西嫣的子女所感动。1882 年 7 月 2 日，西嫣生下一个男孩，取名叫威廉，5 岁的女儿叫玛丽亚·威廉明娜。1883 年 3 月，文森特画下小女孩在摇篮前的情景。由于有孩子在身边，文森特实现了一个梦想："画室里有摇篮和一张小孩坐的椅子。这间画室一点也不沉闷，室中的一切都驱策我、鼓舞我。室内干净明亮，令人愉快。大部分必需的家具、卧具和绘画材料我都有了。该花的钱都花了。不过……这笔钱让我能够安置一个画室。我还需要你的资助，但是从这画室里产生的素描越来越多了。"这是夏天他写给弟弟的信。

特奥不在意文森特穿得体不体面,提出的却是:不要和西嫣结婚。特奥语气平和,并不是下最后通牒的口吻,也没有附加条件。文森特想画画,可以,特奥会资助;文森特要谈画,好,特奥愿意听;其他的,特奥不想多说。于是文森特再也不提结婚的事,而谈论如何调配色彩,怎么使用取景框——这框还是他亲手做的呢。

## "当我画油画时,色彩概念便在心中浮现"

"绘画是要把这无限的世界记录下来。"他起伏、不安的心思只用在绘画上面。画着画着,喜悦战胜了其他情绪。"油画比素描更能回报我们所付出的辛劳。"

1882 年 11 月,文森特请人印出他的第一幅石版画。他把第一张校样寄给特奥。试过印制石版画之后,他想要做"一项义务性的慈善工作"——成立一个非营利性质的协会,推广艺术作品,让普通老百姓也能懂得如何欣赏艺术。他学画这么久了,从来不在意以后会不会扬名天下;这回倒是破天荒想到自己可能会成名:"将来我的画会有人欣赏的。不过,我不在乎;就算有人欣赏,我也不觉得有多么高兴。"

**裸**体的女人埋头蹲屈,乳房和肚子已变形。右页这幅《悲哀》(1882 年)是以西嫣为模特儿。这个女人被文森特的家人排斥,文森特自己最后也爱莫能助。文森特这幅石版素描所要表现的乃是一个象征、一则神话。《悲哀》在文森特创作中所占的地位,一如丢勒的版画《忧郁》在丢勒创作生涯里的分量。

**《教**堂里的人》(左图),1882 年 10 月。以前,文森特希望向这些信众传道;如今,教堂里的人成了他画笔下的人物。

说归说，当有个仓库管理员看到《悲哀》这幅石版画，要文森特印一张给他时，文森特着实感到高兴。然而，他心中却也明白：当画家是不可能幸福的。"画画是自我抗争，必须不断再接再厉；除了这重重困难，也有经济上的负担。"这阵子，文森特开始和青年画家范德维尔一同研究绘画。自从他和毛沃决裂以后，这是他头一遭与别人一同作画。

## 尽管勤奋不懈，钱还是来得青黄不接。文森特时而神采飞扬，时而困坐愁城

1883 年 2 月初，恐怕是作画太累，忽略了身子，他整日觉得虚弱无力，大感惊惶："我有时不敢相信自己才 30 岁而已，我觉得自己老多了。"

几个月后，他身体稍好了些。"继续努力，不屈不挠，这才是最重要的。"从 1870 年起，他开始收集成套的《图像》艺术杂志。这本杂志上所刊印的复制画是他的绘画范本，他视之为圣经。

他遗憾的是没钱请模特儿，也就没能多画。这时他就读书。他读左拉、雨果的作品，他读狄更斯、弗罗芒坦、龚古尔兄弟等人的作品。他还经常到港口斯海弗宁恩去画渔夫。在海滩和沙丘上所见到的景致，以及范拉帕尔在信上的建议，都促使他尝试画大幅素描。这类大幅的素描需要构图，是他以前不敢碰的。

特奥再度要文森特与西嫣分手。文森特着实踌躇不决——离开西嫣让她随波逐流，等于是把她丢进重操旧业的火坑里。文森特实在下不了决心。范拉帕尔曾经提起德伦特这地方，说这个位于荷兰东北的省份，风景极能引发灵感。文森特很心动，想

带西嫣一起去。可是，西嫣自己不争气，行为失检，不知自强。文森特觉得不能再忍受了。"去德伦特是最好的解决办法，既有益于我作画，又可节省开支。""那个女人和孩子带给我很多困扰，我虽深感哀伤，可是事情就这么无奈。"

　　1883 年 9 月 11 日，他抵达霍赫芬，住进一家小旅社，老板叫阿尔贝图斯·哈特瑞克。

文森特在德伦特寻找大自然。1883 年 9 月，他画下《农庄》（上图）。稍早，他画了沙滩上的渔民夫妇（左页下及左下）。

## 德伦特是一片泥炭层低地，放眼望去尽是浅草地和荒原。又是贫苦的生活……

文森特每天出门画画，然而心中满是沮丧、内疚、悲哀。他自责无法跟任何人维持正常的关系；觉得自己的绘画环境"又可怜又贫乏"；他惦记西嫣和那宝宝，愧疚很深。文森特素来明白，画画与"痛苦、

忧虑、失望、哀伤、无奈等心情是分不开的"。为了鼓励他，特奥叫他到巴黎来同住。可是文森特拒绝了，反而要特奥来德伦特跟他一起学画。他说，奥斯塔德（Ostade）兄弟、凡·爱克（Van Eyck）兄弟、布雷东兄弟，他们不都是画家吗？可是特奥走不开，他也不想离开巴黎。

文森特在德伦特待不下去了。

他回到在尼厄嫩的父亲家中，受挫的感觉未见减少，和父母之间的误会也依然存在。他觉得自己在家里就好像"一头狼狈不堪的狗，不知是否受人欢迎"。但他还是住了下来。家人给他一间房间当画

"米勒该叫作米勒前辈（左图是米勒的《晚祷》），他真是年轻画家的顾问兼向导……我的想法与他相同，我相信他说的话，毫不怀疑。"
　　　　　　致特奥的信
　　　　　　1885 年 4 月

室，也不要他付膳宿费，好让他有钱还债。文森特变得一触即怒，忍受不了特奥的批评。他开始画织布工人，这是新的题材。

住在艾恩德霍芬的金银器商人埃尔曼要文森特为他装饰餐厅。文森特于是画了6幅农村劳动情景的草图——几个人在种马铃薯，一个人在撒种，一个人在耕地，还有一群农夫背着柴捆。

《在田里工作的农妇》，1883年10月。在德伦特时，文森特用的色彩趋于阴暗。这种用色法成为文森特此时期作品的特色。文森特希望把那些不知绘画为何物的人画下来，为他们而画。

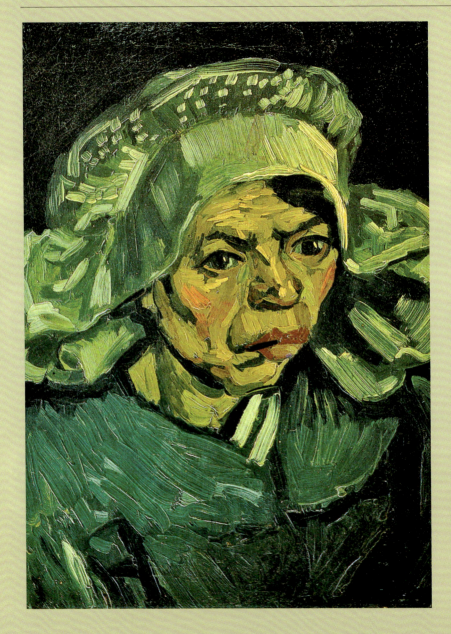

《尼厄嫩农妇头像》（左页图，1885 年）和《坐着的农妇》（左图，同年）。1885 年里有一天，文森特出门写生，经过农人德·格罗的家门，他进去小坐，一家人正围在桌子旁准备吃饭。文森特心中突然闪过一阵神秘的灵感。以前在博里纳日煤矿里，人们日常生活中"平凡的"悲剧就曾大大感动过文森特。此刻，某种心情又触动了他。他立刻捉住这题材，画下这些卑微的人们。

"我打算这个星期里画几个乡下人围着一盘马铃薯，在晚上的时刻——白天的光线下也可以——或两者都不是——你会这么说。我可能画得成，也可能画不成；不管怎样，我要开始起草各种姿态的人物画。"

致特奥的信
1885 年 4 月

《吃土豆的人们》。文森特画第一张草稿时，便设定了他的方向：把阴暗的草屋里的微妙的光线变化突显出来，让人感受到黑暗的气氛。这些是他所心仪的画家如科尔蒙、伦勃朗、哈尔斯（Frans Hals）等人一贯想表现的东西。

"我想要让别人一眼就看得出来，这些卑微的人在灯光下，从盘子里拿他们亲手种植的土豆吃。所以，这幅画让人联想到劳动，暗示着这些农民所吃的，是他们诚实工作所换来的东西。"

致特奥的信
1885 年 4 月

埃尔曼依照文森特的草图加以复制。他付给文森特的钱简直不够画框、画布和颜料等材料费。

## 10 月里的某一天，文森特发现自己从作画中获得快乐，精神为之大振，生活有了重心

范拉帕尔又来到尼厄嫩。文森特在尼厄嫩教画。学生中有一个是邮局职员，叫范德沃克，另一个是石印工人的儿子狄曼·杰斯泰尔，还有一个是皮革商人科斯麦克。

12 月，文森特改画头像，打算在冬天里画 50 幅。他要他的画"根植于生活"，像他心仪的几位大师的作品一样。色彩不是他所关心的。1885 年 3 月 26 日，文森特的父亲在家门口中风去世。尽管文森特与父亲之间误会迭生，他仍深感悲恸。几个星期后，他住到教堂圣器管理人家中。他在那儿早已经有了一间画室。他"只希望住在村庄里，画农民的生活"。于是他开始画一幅"乡下人晚上围着桌子吃土豆的画"。这幅题名为《吃土豆的人们》的画是他的第一幅大型作品，这时文森特 32 岁。他把这幅油画寄到巴黎给特奥。

在巴黎，印象派的绘画已经掀起了风波，多年来画坛人士为此议论纷纷。在尼厄嫩这乡下地方的文森特，怎么可能知道印象派是什么？所谓印象派的画又是啥样子？"可是我知道，真正有独创性的画家是些什么人。德拉克洛瓦（Delacroix）、米勒、柯罗等人就是不折不扣的大师。以他们为轴心，环绕于周围

"看到这么一幅哈尔斯的作品，多令人高兴！这幅画如果以精心细描的方式来完成，那么还像是在画画吗？偏偏这种不像画的画多的是。"

不过，文森特在阿姆斯特丹所见到的哈尔斯画作，倒并非这幅《快活的喝酒人》（上图，细部）。

的是画农民和风景的画家，他们也很棒。"

**"表面看来，画农民、捡破烂的或各种劳动工人再简单不过了。其实在绘画中，就数这些升斗小民最难画。"**

他寄了一张石版画给范拉帕尔，是依照《吃土豆的人们》的第一张作品印制的。范拉帕尔的评语很苛刻，文森特无法忍受，但嗤之以鼻：无所谓，你范拉帕尔尽管回头去画石膏像好了！

"凡是画家总想向众人证明：人物画也好，风景画也罢，决不是大自然在镜子中反射的映像，不是模仿，不是复制，而是一种创造。"文森特也有此领悟，而且他知道，他在尼厄嫩所使用的画法不足以完成这种创造。1885 年 11 月，文森特前往比利时的安特卫普。他对这趟旅行不抱任何幻想："也许这次

**"我**说我是农民画家，事实的确如此。我这么说吧，置身农民之间，我才会感到自在。除非我工作太忙，没有时间思考，否则到了晚上，我经常会到煤矿工人或泥炭工人家里（在此地则是织布工人或农民家里），坐在火炉边沉思默想。我所以这么做，不是毫无缘由的。"

致特奥的信
1885 年 4 月

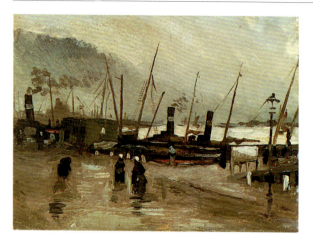

跟我以前做过的任何事情，去过的任何地方没什么两样，我想我八成又会失望。"

## 文森特毅然决定要学鲁本斯的技法

鲁本斯"如此简单却如此出色——其实应该说，看起来好像很简单。他的油画和素描一点不芜杂，笔法轻快又准确，毫不犹豫"。这是极具关键性的心得。1886 年 1 月，文森特在美术学校注册入学。他上韦尔拉和范克的素描课，还画石膏像。天知道他以前多恨这玩意儿！他也上油画课，晚上再画素描，又跟一个叫西贝尔特的人在一家俱乐部画模特儿，一直到深夜。

但是他的身体支持不了这样的生活节奏，而且他又没钱。1886 年 2 月 18 日的信上，他向特奥求救，坦承自己处境的艰辛。文森特在安特卫普没待到月底就离开了。

《安特卫普的码头》(左图)，1885 年作。这幅画画的是须尔德河下游，鲁瓦耶水闸河湾处。法国人叫这河埃斯考河。此时，文森特尚未关心色彩的问题，他所用的颜色仍然灰暗阴沉。这一点由安特卫普住处所见景色（右页图）亦可以证明。不过，从这时候开始，文森特的色彩逐渐明亮起来。例如此幅，他画的是从窗口见到的旧屋背面，色彩明度就相当亮。正因为它如此明亮，拉法耶在他编辑的《凡·高全集》目录中，竟把这幅《旧屋背面的景致》误认为文森特巴黎时期的作品！画完色调阴暗的《吃土豆的人们》之后，文森特渐渐感到必须采用明亮的色彩。

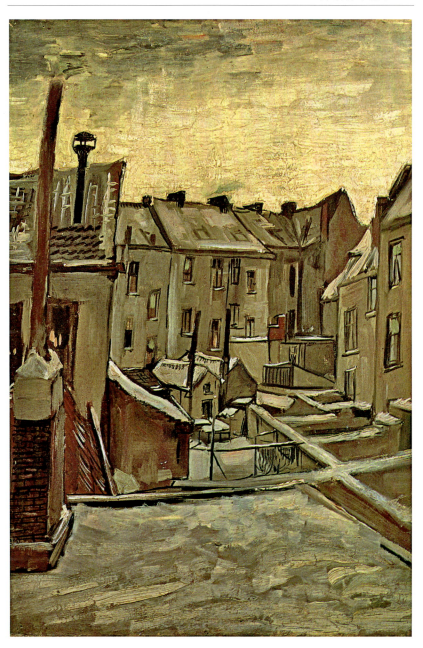

特奥在巴黎的蒙马特大街 19 号，
布索和瓦拉东的家中接到文森特的一封短笺。
文森特将抵巴黎。他约特奥在卢浮宫见面：
"你快快赶来。"
文森特匆匆奔赴巴黎，原因有二：
他相信和弟弟一起生活可以减少开支；
另外，他想进入科尔蒙的画室。

## 第四章

# 色彩与放逐

"铃鼓咖啡馆"里的阿戈丝蒂娜·塞加托里（左页图），文森特画。她一度是文森特的女友。右图是贝尔纳的素描，画的是文森特作画时的情景。

特奥把哥哥安顿在自己的小公寓里。公寓在蒙马特的拉瓦尔街上，这条街后来改名为维克多-马塞街。10 年前，古皮公司的布索迫使文森特辞职之后，文森特再也没有踏进过巴黎。1874 年，一些画家采用新技法，被戏称为印象派，他们的作品文森特从未见过。特奥的店老板布索和瓦拉东对印象派画家并非全盘接受。特奥自己倒是在两年前就买了几张印象派的画，是毕沙罗 (Pissarro) 的作品，店里也有杜米埃 (Daumier) 的画。

## 文森特在巴黎的最初几个星期，首次见识到印象派的作品

"在安特卫普时，我还不知道什么叫印象派，现在我才见到，而且仔细看了一番。虽然我没有加入他们的圈子，却十分欣赏他们的一些作品。"印象派画家聚会的场所，在毕加尔广场的新雅典咖啡馆，离文森特和特奥住的拉瓦尔街只有两步路。唐吉老爹的颜料店在附近的克罗泽尔街。这个唐吉小有来历，以前是巴黎公社的起义军人，巴黎公社失败后，由一个市议员出面奔走才获释。他与多位画家过从甚密。雷诺阿

（Renoir）、塞尚（Cézanne）等人就常常到他店里来走动。"老爹"这昵称正是艺术家朋友们给的。唐吉这儿偶尔有人来买画，价格只要几个法郎。他说，每天的生活费超过半法郎以上的人便是个混蛋。文森特每日难得花上半法郎，因此受到唐吉的热烈欢迎。

　　文森特在唐吉店里认识了几个在科尔蒙画室学画的人：贝尔纳（Emile Bernard）、安克坦（Louis Anquetin）、罗素（John Russell）、土鲁斯-劳特累克（Toulouse-Lautrec）。4 月里文森特也进了科尔蒙画室。

　　科尔蒙的本名叫费尔南-安娜·皮耶斯特尔（Fernand-Anne Piestre），1870 年时在沙龙美展展出《尼伯龙根的婚礼》，此后便频频在沙龙美展中获

图 中，科尔蒙老师正在作画。画布后面，坐在凳子上、头戴圆顶礼帽的就是土鲁斯-劳特累克；右边，一群学生上方，箭头指着的是贝尔纳。

奖。艺评家卡斯塔尼亚里认为，科尔蒙的画只不过是"德拉克洛瓦的作品中掺进了糖水，减弱了气势，抹掉了个性，除去了颜色，好让贵妇小姐都看得懂"；但在弟子土鲁斯–劳特累克的眼里，科尔蒙具有"强劲、严谨、独创"的才华。恐怕不少人也都这样想，因此有许多学生到科尔蒙的画室来学画；文森特也来。他每天早上到科尔蒙画室对着模特儿画素描。科尔蒙允许他下午再来，一个人画石膏像。贝尔纳有一天看到文森特把画纸弄出一个破洞，"因为他用橡皮擦得太重

了"。如此认真的文森特还是没有找到他期待的东西；4个月后，他离开了科尔蒙画室。文森特和画家在一起时，有些画家也以他为模特儿。罗素画了文森特的像；毕沙罗的儿子吕西安·毕沙罗画了一张文森特和批评家费利克斯·费内翁（Félix Fénéon）坐在一起的素描。土鲁斯–劳特累克画了一张文森特的粉笔画。文森特也画自己。这是一段狂热的生活，终日谈话讨论、喝苦艾酒。

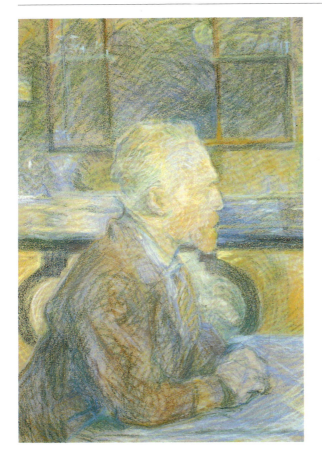

**18**87年，文森特认识了土鲁斯－劳特累克。劳特累克在科尔蒙画室里画了这张文森特人像的粉彩画（左图）。两个人是画友，也是酒友。

**几**位画家朋友也为文森特画肖像：毕沙罗以素描画文森特和费利克斯·费内翁谈话的情形（左页下图）；罗素画文森特的油画人像（左页上图）。

**田** 勒皮克街的房间窗口所见景致。文森特作于1887年春。

　　他和特奥搬了家，地址是勒皮克街54号，有个房间供他作画。"我觉得更自在了。""我画花，红色的罂粟花、蓝色的矢车菊、白色和粉红色的玫瑰花、黄菊花。我研究蓝橙、红绿、黄紫各组对比色；我寻找中性的混色调，以调和强烈的对比色；我设法让颜色鲜艳，而不用灰色调子来调和画面。我还画了十多张全是绿色调或蓝色调的风景画。"他画从蒙马特望出去的屋顶，画公园里的树木、平台以及高地的风车。他的油画也有了改变，以颜色来主控画面。"真正的画是用颜色来表现出立体的。"

1886 年 5 月 15 日，在金屋餐馆楼上，第八次印象派画展揭幕。主办人是画家爱德华·马奈（Edouard Manet）的弟弟欧仁·马奈（Eugène Manet）和欧仁的妻子贝尔特·摩里索（Berthe Morisot）。莫奈、雷诺阿、西斯莱（Sisley）等人都没有参展；德加（Degas）倒是展出了若干粉彩画，如《梳洗打扮的女人》。

西涅克（Signac）和修拉（Seurat）则是拗不过毕沙罗大力相邀才勉强

谈话中的凡·高（背对者）与贝尔纳。1886 年，在阿斯尼埃尔。

参加。修拉的画《大碗岛上星期日的下午》引得大家议论纷纷。后来文森特画他从勒皮克街窗口所见的巴黎街景或蒙马特高地的花园时，就是采用修拉的技法——所谓的"科学印象派"方法，又叫点描法。

## 文森特以自己的方式表现印象派的题材

他经常陪贝尔纳到阿斯尼埃尔去，趁探望贝尔纳父母之便作画。"我在阿斯尼埃尔画风景时看到了更多的色彩。"他们商量好，要一起在"长柄权餐馆"展出画作，前一阵子才结识的高更（Paul Gauguin）也说要参加展出——可是后来文森特和餐馆老板吵架，展览遂无疾而终。

后来他们又在"铃鼓咖啡馆"开展览。他们算是"小马路画家"；"大马路画家"则是莫奈、雷诺

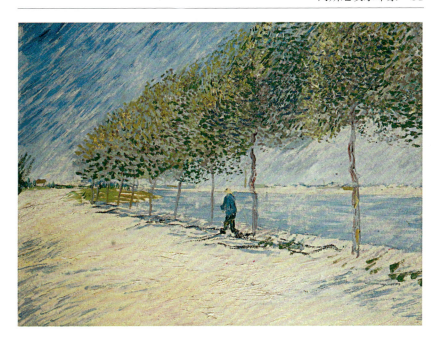

阿、德加、西斯莱，由迪朗·吕埃尔（Durand Ruel）和乔治·珀蒂（Georges Petit）负责展览事宜。

　　"铃鼓咖啡馆"的老板娘阿戈丝蒂娜·塞加托里认识不少画家，她曾是德加的模特儿，两人交情匪浅。德加把买来的日本版画挂满了酒馆的墙壁。阿戈丝蒂娜与文森特有过一段短暂的恋情。两人分手后，文森特冲入酒馆取走了自己的画。

　　文森特刚到巴黎时这样写过："法国的空气使人头脑清晰，让人感到舒服，非常舒服，前所未有的舒服。"可是一年半之后，他说："我要躲到法国南部去，不要看到这些画家，他们让我觉得恶心。"

　　文森特又开始对周围的人看不顺眼，动不动就会为小事而动怒。有个画家朋友，叫吉约曼（Armand Guillaumin）的，回忆文森特突然激动的情形："文森特为了解释自己的看法，竟脱掉衣服，跪

阿斯尼埃尔是印象派的圣地。文森特在莫奈、雷诺阿、卡耶博特、毕沙罗等人作过画的地方架起画架，画出这幅《阿斯尼埃尔的河堤》，时值1887年夏天。

以葛饰北斋为首的日本浮世绘画派令文森特大为着迷，甚至也影响了文森特的作画风格；左页下图的《日本戏子》即是一例。

在地上，什么都无法让他平静。"文森特威胁唐吉老爹的老婆，恶言相向，只因为她不准唐吉对文森特太慷慨。特奥也表示："没有人愿意再上我家来，因为文森特就只会找人家碴儿；他又邋遢，家里弄得实在不能见人。我希望他到别的地方去单独住。他是提出过要搬出去；不过，如果我跟他说他该搬出去住，那么他反而会留下来。"

两年前来巴黎时行色匆匆，这会儿文森特又是说走就要走。1888 年 2 月 20 日，文森特抵达法国南部的阿尔勒。这时节此地已是一片白雪皑皑。次日他写信给特奥："我觉得在巴黎几乎无法作画，除非有个藏身之地让我可以恢复精神，冷静下来；不然的话，人必定会变得头脑不清。"他这样描述新环境："积雪的白色山顶，衬着雪一般亮的天空，恰似日本画家的冬景图。"

在阿尔勒，文森特又找到他素来喜爱的主题：农田上的劳动情景，画出《由麦田间遥望阿尔勒》（下图）和《收割者》（右页图）。光线不同时他所用的色彩也不同。他的新作同时表现了光与色。左图是他的自画像习作，1887 年夏绘于巴黎（原画左上角早已被不经意地截掉了）。

## 独居，加上普罗旺斯的阳光，等于久违了的平静

是谁向文森特提起阿尔勒的呢？是都德和左拉的小说？是在唐吉老爹的店里有过几面之交的塞尚？还是蒙蒂塞利（Adolphe Monticelli）的画？谁也说不准。他在巴黎时就说过，他有预感"有一天会画些东西，表现一点娇艳，一点青春。我自己的青春是早已经逝去了"。他到阿尔勒来，就是为了画出这类的作品。他住在骑士街 30 号卡雷尔旅舍兼餐馆。

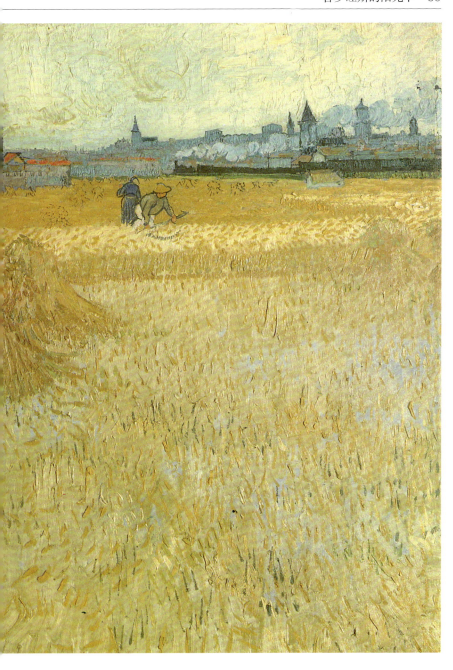

《繁花盛开的果园》，1888年4至5月画。普罗旺斯的果树花期甚早。文森特抵达此地时，正逢开花期。这种景致他从来没见过，初见时果然十分兴奋。他狂热非常，画了许多油画和素描，用神奇的色彩来表现杏树、扁桃树、桃树。当毛沃的死讯传来，他在另一幅类似的风景油画上写下"纪念毛沃"的字样。毛沃乃是带领文森特进入油画世界的人。

　　2月22日，他要买颜料和画布，但在杂货店或书店都没有找到他需要的。一开始，他画风景、老妇人和肉店。见到这么一个红头发、声音嘶哑的荷兰画家出现在阿尔勒，镇上的人都觉得奇怪。有一个杂货商和一位法官前来拜访，这两个人平常也画些东西。但来找文森特的也就这么两个人了。当地的画家对他不闻不问。不过文森特独来独往，居民不免心生提防。

　　他终日在田野游逛，寻找作画题材。只要天气晴朗，他便支起画架。除了上饭馆吃饭叫菜，他很少开口。但他常写长信给特奥、高更、贝尔纳以及从不

回信的劳特累克。"老实说，这儿的人，从军人，
妓院里的男人、女人，上教堂的可爱小姑娘，穿着
法衣像犀牛的神父，到酒馆里喝酒的人，在我看来
都像是另一个世界的人。"他觉得阿尔勒是个美丽
的地方，明朗而愉快。

**找**到什么，文森特就画什么，连昆虫也可入画，所以有了这幅《三只蝉之习作》（阿尔勒，1888 年夏）。

可是，阿尔勒也让他深深感受到漂泊异乡之
苦。"我宁可玩笑度日，也不愿忍受孤寂。"3 月
底，经由特奥帮忙，文森特在独立
沙龙展出了 3 幅油画：一幅静物
《巴黎小说》，两幅风景《蒙
马特山岗》和《磨坊后面的街
景》。他特别注明："展览作
品目录上的名字，要用我油画
上的签名'文森特'，而不
要用'凡·高'，因为这儿
的人不知道 Van Gogh 该怎
么念。"

文森特这时 35 岁，
除了一个不易发音的名
字之外，别无所有。有一
天，他画完画回到家，收
到妹妹的信，告诉他毛沃去
世了。他立刻在当天的画上写
下"纪念毛沃"几个字。是啊，
是毛沃把画笔放在他的手中，让他开
始画油画的。

他日夜思念荷兰，但他不后悔来到阿尔勒。他
告诉特奥："我在这儿画的作品比去年春天在阿斯
尼埃尔所画的还要好。"他又告诉妹妹："我现在
用的颜色多彩多姿：天蓝、橙、玫瑰红、朱红、鲜
黄、亮绿、酒红、紫。"

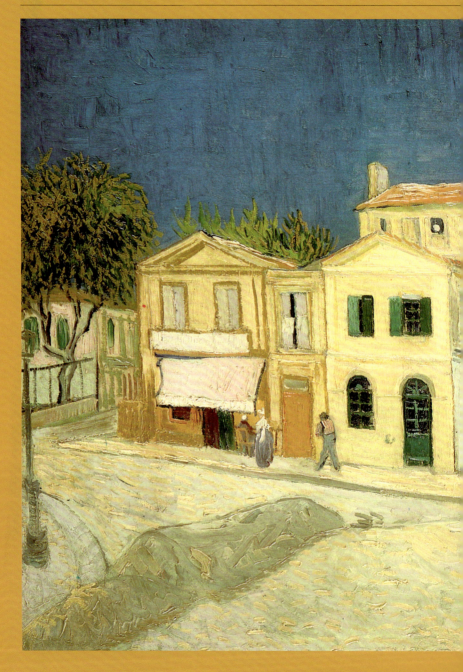

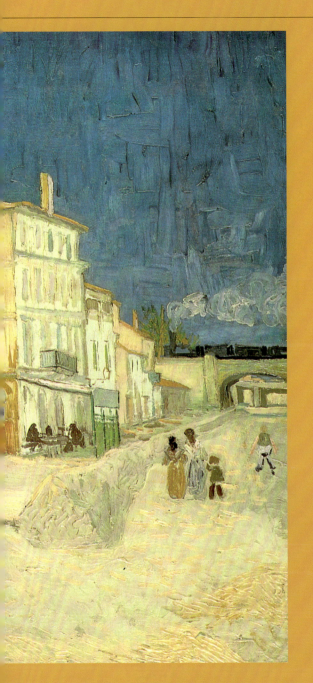

《文森特在阿尔勒的屋子》，1888 年 9 月画。对文森特来说，这个住处不只是他作画的地方，它还代表一种希望: 文森特想成立一个画室，让艺术家朋友们一起工作，一起创造明日的绘画。凡·高居住在阿尔勒的时间，从 1888 年 5 月 1 日到 1889 年 2 月 9 日。

"今天，我终于把这栋建筑物的右侧楼房租了下来。有两间房间加上两间盥洗室。外面墙壁漆的是黄色，里面刷了白色石灰。屋子向阳，租金每个月 15 法郎。我现在希望把楼上那一间房间布置起来当画室……希望这次我的运气不错，你懂我意思吧——外面黄色，里面是白色，阳光充足，我在房间里作画，光线就亮多了。"

致特奥的信
1888 年 5 月 1 日

## "偏离真实生活的伤感"挥之不去

　　"用颜色来表现生活倒不如自己来享受生活。"绘画又成了他的漂泊之旅……"这种绘画生涯算不上真实的人生，但我觉得生动有趣。要不知足就太不知好歹了。"

　　文森特对绘画的狂热胜过一切。特奥刚满 31 岁，文森特便寄给他一幅果园风景画，画中"狠狠涂上厚厚的颜料，底层一堆白色加了些黄色和浅紫色"。他以此向特奥证明"这儿的风景正适合运用色彩"。有好几天，他胃痛得无法工作，他以为是在巴黎时喝了太多劣酒的关系。

　　卡雷尔旅馆要涨房租——文森特认为是由于店家觉得他的画多占了空间。于是在 5 月 1 日，他搬到拉马丁广场 2 号去。这屋子"外墙漆的是黄色油漆，里面刷了白色石灰。阳光充足，租金每月 15 法郎"。他急需一张床，可是家具店不出租，也不肯赊账，他只好等特奥寄钱来……

　　文森特乐观得很，他相信"印象派的画会涨价"，"用掉的资金将来可以收回来，不是现金就是股票"。

　　一个半月之后，他深信自己应该从此定居阿尔勒；城市是嫌脏了些，但这儿的生活不像巴黎那样违反自然，而"这里的人对绘画固然无知得很，但他们在外貌和生活上却比北方人更像艺术家"。

　　他想安顿下来，也想改变，却很怀疑自己到底能不能成为明日的画家，"一个前所未见的精通色彩的画家"。"我很难想象，这个明日画家会是我

《高更坐的椅子》（左图），文森特画于1888年12月。此画仿佛预示了高更即将离去，表达出文森特的悲哀和挫折。

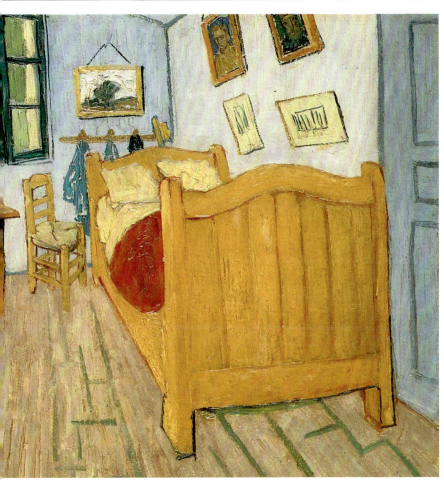

这种人，这种上小饭馆吃饭，满嘴假牙，还上军妓院的人。"

　　文森特认为自己只不过是"一连串艺术家之中的一个环节"，在他之后，还会有许多画家相继出现。在自己新布置起来的黄色画室里，文森特一个人待不住。他说，"这个画室可以供朋友们一块儿用。"

　　黄色屋子里放了一张桌子和两把椅子之后，还

《文森特在阿尔勒的卧室》，1888 年 10 月。文森特后来羁留于疗养院时，曾将此画复制了两次。这幅画象征他那一段充实圆满的日子，孰知好日子不久长。

有地方可以烧汤、煮咖啡。经治安法官的交涉，旅馆主人把前次多收的 12 法郎退还给他，使他稍解燃眉之急。他经常到蒙马茹尔修道院作画，也画静物，还寄了几张素描给特奥。虽然还没有床，但是文森特照样睡在黄色小屋里。楼下是拉马丁广场的"车站咖啡馆"，老板是约瑟夫·吉努，太太名叫玛丽。但文森特到另外一家咖啡馆去吃饭。一天天过去了，他的身子也逐渐恢复了健康。

## 高更贫病交迫，走投无路。文森特邀他到阿尔勒来

5 年中文森特的画完全改观：在斯海弗宁恩时，他讲究轮廓，不重色彩；1888 年，在圣玛丽，他开始以色彩来表现轮廓。左图是《海滩上的小船》，1888 年 6 月作。

　　听特奥说了高更的窘况，文森特写信给高更，邀他来阿尔勒小住。文森特真心实意地欢迎高更——他兴致勃勃地清扫屋子的里里外外，还让人重新油漆了黄色小屋。

　　油漆屋子的期间，文森特到圣玛丽住了 5 天，他画了素描。他希望"能画出一种更有个性、更夸张

在给特奥的信上，文森特常速写他所画过的风景。比较特别的是这幅《圣玛丽的农舍》，1888年6月作。为了让特奥看得更明白，他在画中还注明他用的是什么颜色。

的素描"。他的油画也有进展——他想画更大幅
的画；而新近画的一幅风景，他觉得"比以前更见
风格"。

　　文森特急切地等待高更的到来。他相信，两
人一起作画可以"向前跨出一步"，而这一步应当
在普罗旺斯跨出。理由很简单：因为"艺术的前
途完全寄望于法国南部"，因为那儿
的空气清新。但他又想起了塞尚，塞
尚不就表现了那儿"粗劣的一面"？

　　他真的要一展做画家的雄心了。
"我大概会立即狂热地画人像了；我始
终在这题材的四周打转，而没有下定决
心，仿佛人像画没啥了不起。其实，画
人像才是我的目标，我现在知道了。"
可是，身穿色彩斑斓的衣服、样子十分
可爱的阿尔勒姑娘，或圣玛丽那儿苗
条，挺直，有着哀伤、神秘表情的女子
都不让他画。肯当他模特儿的只有一个
因画结缘的少尉军人和在街上邂逅的一个小女孩。他
安慰自己："画家去世后，能以作品让后人欣赏。"
但是他没有把握，自己是否能够跻身这些画家之列。

《阿尔勒的论
坛广场》，
1888 年 9 月作。画的
是夜晚的咖啡馆，文
森特把有灯光和星光
的亮丽画面用色彩表
现出来。

## 6 月底，高更答应到阿尔勒来一趟

　　文森特有时会修改已完成的画，而画完后，他
总有虚脱的感觉，"好像完全脱离了现实，一些日
常琐事都无力去做。"阿尔勒各个角落，克罗平
原，卡马尔格地区都是他爱去写生的地方。但"也
许因为这儿太像雷斯达尔画中的景致，所以我常
常想起荷兰。隔着遥远的距离和飞逝的时光，这
种回忆不免令我怅然"。他在信中这么告诉特奥。

　　漂泊异地的生活，孤单哪。高更又迟迟不来。

文森特在写给贝尔纳的长信里满纸绘画和画家的事，伦勃朗、哈尔斯、德拉克洛瓦、米勒、杜米埃等名字屡屡出现。"可能这些伟大的天才都是疯子，而欣赏崇拜他们的人必然也疯了。"

　　8 月初，文森特画了邮递员鲁兰的肖像。几个星期后，文森特又画了一个叫帕西昂斯·埃斯卡利

**18** 89 年 1 月及 2 月两个月当中，文森特画了 6 幅《邮递员鲁兰》。在阿尔勒，只有鲁兰算是文森特的朋友。

埃的园丁。自从《吃土豆的人们》之后，他再没有
画过这些农民，这些他视同手足的人。他特别向特
奥强调，"这幅肖像的色彩不像《吃土豆的人们》
那么黯淡。"文森特如此的勤奋不懈，他发觉自
己摆脱了在巴黎时受到的印象派的影响："我不
想准确地描绘所见到的东西的形体了，而要用我

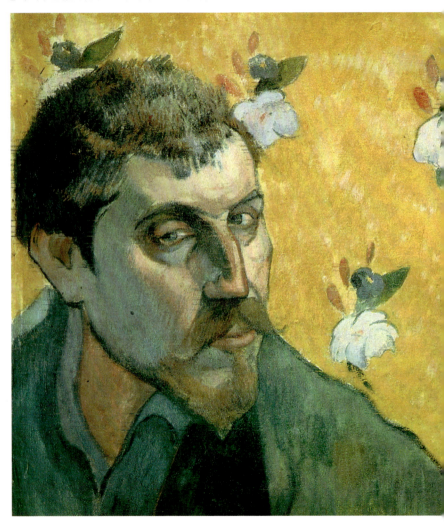

自己的用色方式更抽象地表现我的强烈情感。"

在给贝尔纳的信中，他则说他要"画人像，一张接一张"，并且说，"啊！亲爱的朋友，我们这群疯子毕竟还有敏锐的视觉，不是吗？我希望以某种永恒的方式来描绘男人和女人。以前人用象征的光环来表现其灿烂的光芒，我们则以颤动的色彩。"在他总是诉说痛苦，倾吐不安，表示绝望的信件中，这是难得的快乐呼声。

les misérables

## 文森特期待一个亦师亦友的画家。然而，文森特所表现的激动，高更并不领情

高更答应特奥，以画来支付他在阿尔勒的食宿费。1888 年 10 月 28 日，他终于来到了阿尔勒。文森特买了一张胡桃木床、一张白木床、两张床垫、12 把椅子及一面镜子。他说这屋子有"杜米埃的风格"。他的房间简简单单，只涂上油漆，但是留给高更的房间装饰了向日葵，"像一间很有艺术气氛的闺房"。

高更一大早从火车上下来时，"车站咖啡馆"的老板吉努一眼就认出了他——大约 3 周前，文森特曾经给吉努看过高更的自画像，这是高更用来交换文森特自画像的。画中的高更以花

向日葵是文森特的标志。1888 年 8 月 28 日，文森特在给特奥的信上说他在画《向日葵》时，"画法更为单纯"。这种单纯的笔法，多年来未为人所识。他总共画了 10 幅向日葵。1987 年，其中一幅卖了 2200 多万英镑。

壁纸做背景，旁边则是贝尔纳的侧面像，标题是《两个可怜人》。文森特给高更的自画像，则像是"一个崇拜永生菩萨的和尚"。

有了高更做伴，文森特焦躁的心绪稍获平静。高更来了以后，开始安排两人的生活：他决定他们要自己绷画布、钉内框；他下厨做饭，买了一个五斗柜和一些家用器皿。"在高更身上，情欲胜过雄心大志，"文森特说。所以，高更也定了上妓院的次数。文森特说："我们两人都打算常到妓院去——不花钱，只是去研究妓女，去作画。"

面对同样的写生对象，两人的画互相呼应。文森特

的《红色葡萄园》呼应高更的《悲惨人生》或《葡萄收割》；只不过高更把采收葡萄的阿尔勒女人画成布列塔尼人。高更这幅画，促使文森特画出《漫步于阿尔勒》和《回忆埃滕的花园》；因为后者，高更画了《阿尔勒医院的花园》。吉努太太以同样的姿势出现于文森特的《阿尔勒的女人》和高更的《咖啡馆中》。文森特模仿了一幅高更的素描；高更画下文森特与向日葵。两人殷勤作画，热烈讨论。

　　这种融洽热络的日子不长久。才不过一个月，文森特与高更便开始起冲突。文森特说，他们对于

《正在画向日葵的文森特》，高更作于 1888 年 11 月。凡·高看到这幅画时说："画的真像我，不过是发疯了的我⋯⋯"

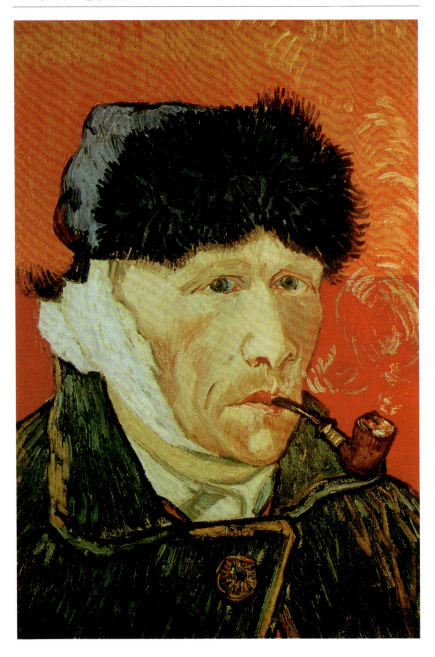

作品的讨论"太过于火爆了"。特奥寄来一封信告诉文森特：高更的画最近卖了好几张，所以高更想离开阿尔勒。这个消息令文森特难以置信。高更一走，他又孤单一人了，孤寂之苦难以忍受。"我以极泰然的心情等待，他自己会做决定的。"泰然？这可不寻常……

## 狂热、痛苦、期望——文森特和高更的关系紧张，一触即发

　　1888 年 12 月 23 日晚饭后，高更独自出门，在城里散步，突然背后传来断断续续的脚步声。高更回头，看到文森特手拿一把刮胡子的刀朝他跑来。这时，文森特猛地站住，转身又回黄色小屋去。高更决定到旅馆过夜。

　　第二天，高更回到拉马丁广场时，屋子前面围着警察和人群。警察局长告诉他，文森特死了。楼下房间的地板上有几条沾着血的毛巾，楼梯旁的石灰墙上血迹斑斑。文森特躺在床上，缩着双脚，蜷曲着裹在被单里，已经不省人事。

　　那天晚上到底发生了什么事？人家告诉高更的话，一定就像几天后《共和论坛报》上的新闻，草草几句带过。

　　高更要警察局长派人请医生来，并说若文森特要见他，就说他回巴黎去了。

　　文森特被送到医院。高更拍电报到巴黎，通知了特奥。

24ᵐᵉ ANNÉE N 53　CINQ CENTIMES LE NUMÉRO　30 DECEM...

LE

**FORUM RÉPUBLIC...**

JOURNAL DE L'ARRONDISSEMENT D'ARLES

Paraissant tous les Dimanches

## Chronique locale

— Dimanche dernier, à 11 heures 1|2 du soir, le nommé Vincent Vaugogh, peintre, originaire de Hollande, s'est présenté à la maison de tolérance n° 1, a demandé la nommée Rachel, et lui a remis ... son oreille en lui disant : « Gardez cet objet précieusement. » Puis il a disparu. Informée de ce fait qui ne pouvait être que celui d'un pauvre aliéné, la police s'est rendue le lendemain matin chez cet individu qu'elle a trouvé couché dans son lit, ne donnant presque plus signe de vie.

Ce malheureux a été admis d'urgence à l'hospice.

圣诞节这天，

文森特由于精神极度错乱，

被关进阿尔勒医院的病房，与众人隔离。

特奥从巴黎匆匆赶来，心情极为沉痛。

"看来凶多吉少，没有多大希望了。

若是他命定得这样离开人世，

好吧，就让他死吧！

可是，一想到这里，我的心都碎了。"

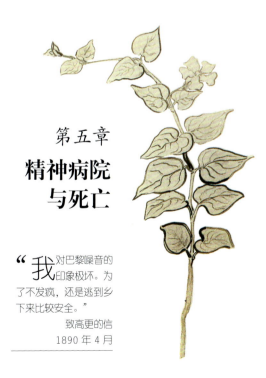

第五章

# 精神病院
# 与死亡

"**我**对巴黎噪音的印象极坏。为了不发疯，还是逃到乡下来比较安全。"

致高更的信

1890 年 4 月

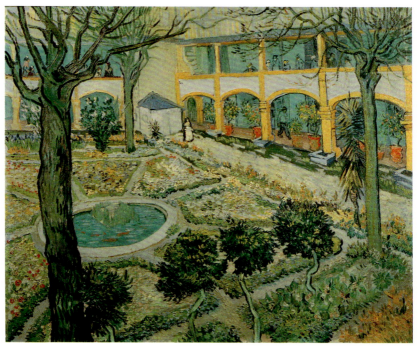

特奥央求牧师弗雷德里克·萨勒，如果情况危急，请他务必守在文森特身边。高更则从头到尾一声不吭，保持沉默。特奥无法久留，待了一天就赶回巴黎。高更一同回去。雷大夫、萨勒牧师和鲁兰夫妇都向特奥表示，他们会照顾文森特。

12月27日，鲁兰太太来访过后，文森特再度发病。他不说话，也不吃饭；看护他的人只好把他隔离起来。特奥和雷大夫打算把文森特转送埃克斯的精神病院。12月31日，萨勒说："我看他说话时态度平静，也不胡言乱语，倒是又惊又气（他只要生气，病就会发作），为何人家把他这样子关起来？"

1889年1月2日，文森特写给特奥一封信。雷大夫顺便在信纸背面附上几句话："很高兴能通知你，文森特这种激动的情绪是暂时的。我深信再过

《阿尔勒疗养院的花园》，1889年4月作。阿尔勒医院的医生允许文森特作画。在他未被"监禁"的时间里，医院花园院子（右页左图）成了他写生的对象。

几天他就可以恢复正常。"1月4日，鲁兰的请求获准，文森特到黄色小屋去了一趟。屋子里一如往常，看不出发生过任何事故。他在信纸正面写给特奥，背面写给高更："祝你们在巴黎万事如意。"

## 文森特出院。他回到黄色小屋，渴望重拾画笔

雷大夫当天（1月7日）就去看望他。文森特心中暗暗想：待体力一恢复就要为雷大夫画肖像。他分别给母

亲、妹妹和特奥寄了信，所说的话都想让别人放心："我希望这只不过是画家一时的毛病。我由于割到支脉，所以大量失血，又发高烧。不过，我很快就恢复了食欲，消化也正常了。身体一天天健康起来，心情也一天天平静。"

出院的第二天，他就没钱了：雇女佣、住医院、包扎伤口、洗衣服等等花了不少钱。1月17日，特奥寄给他的 50 法郎剩下不到一半。他责备自己这个月花费太多。另外，他回顾有高更作陪的日子……高更使他想起都德笔下的人物塔尔塔兰，那是"一只小老虎，印象派的拿破仑"，因为高更就像拿破仑这"小伍长"，"老是在紧要关头抛弃他的军队。"

约翰娜·邦热写信告诉文森特，她就要和特奥订婚，特奥需要操心的不只是文森特一个人了。几天后，鲁兰说要搬家到马赛去——文森特画过鲁兰家的

雷大夫这张照片是他在治疗文森特期间拍摄的。文森特出院之后，便为雷大夫画了一张肖像。雷大夫的母亲对文森特的画不屑一顾，竟把它拿来堵塞鸡棚铁丝网的破洞。

每一个人，鲁兰是文森特在阿尔勒的唯一朋友。

文森特只想作画。"让我安静地画吧。如果这是疯子做的事，那也就这样了，我实在无可奈何。"文森特不停地画，画了好几张《向日葵》，画《摇篮旁的女人》——模特儿是鲁兰太太。

文森特不认为邻居之间会有人因为他发生了丢脸的事就不高兴再见到他。"这儿人人都有毛病，不是热病，就是精神恍惚，再不然就是疯狂。大家就像一家人。"他又说，"不过，不要认为我已经完全正常了。"实际上没有人认为他正常了。

2月7日，文森特又被送进医院——3天来，他时时怀疑人家要毒死他。德隆医生在送交警察局的报告书上说文森特会产生幻觉。2月13日，雷大夫打电话告诉特奥："文森特大有起色。我们留他下来，是希望治好他的病，请您别担心。"文森特吃饭、睡觉都在医院里，白天人家让他在黄色屋子里作画。

## 当地人签署请愿书——荷兰画家精神异常，邻人的安全大受威胁

邻人到警察局控诉，说文森特可能会做出可怕的事，危害众人。结果文森特又被送入医院，隔离在一间病房里。黄色小屋被贴上了封条。"我会因为不能作画而痛苦，却不会由于画画而疲惫。"他无可奈何，心情沮丧。"在目前这种社会里，我们这些画家只不过像是没人要的破瓦罐。"

3月23日，西涅克绕道阿尔勒来看文森特，陪文森特回到黄色小屋，两人不顾封条破门而入。他们谈起绘画时意见一致，文森特因此显得相当平静。可是傍晚时，文森特又不对劲了：他想喝下调颜料用的

《在永恒的门槛上》（右页图），1890年5月作。8年前，文森特在海牙画了一张坐在椅上哭泣的老人。这张描写绝望与孤苦的作品，是为了表达文森特自己的彷徨无助呢，还是他念念不忘绝望孤苦这个主题，所以一画再画？

松节油。西涅克赶紧把他带回医院。"为了表现去年夏天那种明亮的黄色调子，我不是得想点法子吗？"这么说来，他之所以得病，完全是因为画画。他解释说，"不幸得很，我对自己所从事的这个行业认识不够，以致我表现欠佳，难孚众望，也不能对自己做出交代。"

由于邻居放不下心，文森特不能回到黄色小屋，但可以把画具带回医院。文森特告诉特奥（特奥正要前往荷兰，准备与约翰娜结婚）："如果我真的必须待在收容所里，那么我会慢慢适应的。我想，收容所里也找得到写生的题材。"

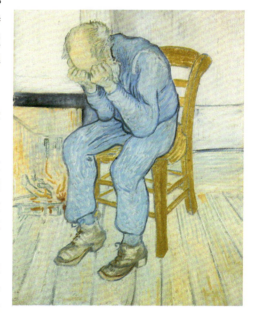

## 5 月 8 日，文森特进了圣雷米附近的圣保罗收容所

文森特叫人把黄色小屋里的东西统统搬走。吉努夫妇表示，一些家具可以暂时存放在他们的咖啡馆里。文森特再也不愿意一个人住，他没有勇气。他记得萨勒牧师跟他提过圣雷米的一家收容所。文森特不希望事情再拖下去，他写信给特奥："不用多做解释了。但我请求你去找萨勒牧师和雷大夫，一起想个办法，让我月底或下月初到那里当寄宿病人。"

5 月 2 日，他寄了两箱油画给特奥。"里面有一大堆旧画……然而，我深深感觉到，我这样一个画家，根本一文不值。"文森特由看护员普莱陪同，到了圣保罗收容所，佩龙医师接待了他。有两间相邻的房间供文森特使用，一间做画室，另一间住房"有灰绿色的壁纸，两面水绿色窗帘上是淡色的玫瑰图案"。安顿好之后，文森特立刻动笔作画。翌日，他已经起草了两幅油画："紫色鸢尾花和丁香花，都是在花园里写生的。"

他不关心自己的病情。他认为"发疯和其他疾病没有两样"。佩龙医师认为他患的是一种癫痫性的病，文森特知道了也不在意。他只管作画："越过窗口的铁栅栏，我可以看到一方麦田，好像霍延的画。"凡是和绘画无关的事，诸如收容所里的病人不停的叫吼声，简单的食物，或是令他想起"巴黎蟑螂横行的餐馆"的霉腐味等，他全不在乎。他一直画，希望画画可以抑制他的病症——病一发作便会产生幻觉和幻听，不仅难以承受，严重时简直让人"厌恶人生"。可是绘画也使他懊悔："想到自己所做的事和原先的愿望极不一致，我总感到悔恨。"

## 只有在收容所里过着有规律的生活，文森特才能作画。连村里人的脸他都不愿意多瞧

他画从窗口看到的风景。"这儿的风景常让人想到雷斯达尔，唯独不见耕作的农民。"文森特在圣雷米所画的风景图里几乎都没有人。如果画了人，也是照着米勒、

《圣保罗收容所》：上图为文森特所画的入口；中图为文森特的房间（照片）；下图为文森特房间的窗子。

德拉克洛瓦、伦勃朗或多雷等人的版画复制图所画的。文森特在收容所里一再重画旧作：阿尔勒女人像或他的卧室。在这儿，除了面对画布，文森特别无他事，更没有人可交谈。

　　7月7日，文森特由收容所的护理人员陪同，回阿尔勒拿8张油画。他在阿尔勒待了一整天，不见萨勒牧师或雷大夫，但见到了空荡荡的黄色屋子和吉努夫妇。前一天收到约翰娜的信："到了冬天，也许2月吧，我们希望能生下一个可爱的男

孩，如果你愿意当他的教父，我们就为他取名文森特。"文森特的回信前言不搭后语："至于做你儿子的教父，其实可能是女儿，照目前这种情形看来，我想等离开此地后再说。而且，母亲一定会坚持以我们父亲的名字来命名。"

《有罂粟花的田野》，1890年4月作。文森特以彩色笔触表现了光线、形状和空间感。

从阿尔勒回来后，文森特又发病了，这次异常严重。特奥久无文森特的消息，遂发电报给佩龙医师。回信证实，文森特病情不轻，令人担心："我看是没有希望了，只有放弃。"文森特用荷兰文写信告诉特奥，求他说服佩龙医师让他画画。"作画比别的事更能排遣心情；如果我能全力试一试，或许这会是最好的治疗方法。"

文森特一提再提：只有作画能治好他的病。9月初，他告诉特奥，他同时在画两张自画像。后来特奥把这两幅自画像拿来，与他在巴黎时期的自画像加以比较，发现文森特的画大有进步。

## 文森特在独立沙龙展出两幅油画：《鸢尾花》和《星夜》

现在文森特发作时，病情"显得有荒谬的宗教意味"。他揣测：阿尔勒的医院和圣保罗收容所的建筑都像修道院，是不是因为这样才……他开始怀念法国北部。以前他认为只有待在南部才能作画，现在却担心，久住此地他会失去作画的能力。特奥考虑让文森特回巴黎或到巴黎郊区去住。他与毕沙罗商量，但毕沙罗眼睛出了毛病，无法招待文森特住宿。只有等待，况且文森特病情不稳，这时就让他回来，稍嫌仓促。

文森特在收容所里过冬。他继续把画寄给特奥。为了保管这些油画，特奥向唐吉老爹租了一间房间。后来毕沙罗想出一个办法：他认识一个叫保罗·加谢的医生，教过绘画解剖学，自己也画画，做版画，是许多印象派画家的朋友。加谢医生的太太已过世，独自和孩子们住在瓦兹河畔欧韦，文森特可以住到那儿去，一定会受到热诚的款待。可是，几个星

《鸢尾花》，1889年5月作。这是文森特居留收容所期间，在花园里找到的写生题材。那时，他以作画来抵抗幻觉。

期过去，计划似乎搁置了。

　　11 月，双十艺术团体的秘书莫斯来邀文森特送几张油画到布鲁塞尔，参加第八届沙龙展。沙瓦纳（Puvis de Chavannes）、塞尚、福兰（Forain）、劳特累克、雷诺阿、西斯莱等人都在受邀之列。文森特

《星夜》，1889年 9 月作。文森特到了阿尔勒，他顿时发现："光"所具有的力量竟如此震撼人心。画这幅画对他来说是一项挑战；这画也透露出他心中的某种梦境。一年前，他写信告诉特奥："看到星星，总让我沉入幻想，就像地图上表示城市乡镇的黑点，会引起我的遐思……我们乘火车可到达塔拉斯孔或鲁昂；借着死亡，我们则直抵天上的星辰。"

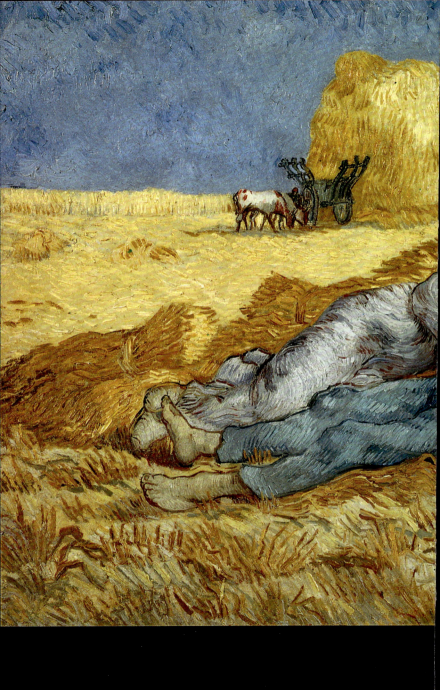

《午睡》，1890年1月作。文森特关在圣保罗收容所期间，由于没有人可以当他的模特儿，他又不愿意外出，所以就以版画为写生对象。这些版画都是以大画家的作品为蓝本而做的。他描摹了许多幅伦勃朗、德拉克洛瓦、多雷等人的作品。文森特此幅油画的写生对象是拉维耶勒根据米勒的《午后四时》所作之版画。

11 月 30 日那天送去 6 张油画。

圣雷米冬天很冷，文森特"照样作画，像农民一样毫无所求"。12 月初，他写信给贝尔纳，回顾已近尾声的一年："这一年里我随兴写生，不去管什么印象派不印象派。可是我禁不住好高骛远——结果还是失败——我真受够了。"

12 月 24 日，文森特突然发作，病情严重，他甚至吸食油画颜料想自尽。恢复正常后，他又开始作画，仍然坚信："作画让我还能够保持一点清醒，将来可能会完全恢复正常。"1890 年 1 月 19 日，他回到阿尔勒。过了两天，他又发作，为时一星期。

1 月 31 日，他的侄儿文森特·威廉·凡·高在巴黎出生。同时文森特收到一篇文章，是刊登在元月份《法兰西艺闻》杂志中的《孤独的人》，作者奥里埃在文中讨论文森特的作品。"看了这篇评论文章，我甚感惊讶……我还是认为我的画不像他写的那么好，倒是我应该依照他说的话去画才对。"

那篇文章对文森特极表钦佩："这位有气魄的画家确实是位艺术家。他的笔触粗犷豪迈，线条刚劲狂猛。此人显然具有彻悟的灵魂，在我们今日可怜的艺术界中，显得如此与众不同。有一天——世事难料——他是否有幸得到应有的赏识，追逐时尚的人们是否会迷途知返，回头来给予赞美呢？也许会吧。"文森特写了一封长信向奥里埃致谢，并在信中说要寄给他一张画有丝柏的习作。

**住**在法国南部时，文森特起初最爱画果树，末了则老以丝柏为主题。

## 文森特卖了一张油画，这是他生前卖掉的唯一一张油画。此时，他已经画了不下 700 幅油画

《红色葡萄园》以 400 法郎卖给安娜·博赫。文森特在阿尔勒时，画过两张她哥哥欧仁的肖像。此后

**"阳**光灿烂的风景中有一块黑暗。这种暗色调很有意思，也最难精确掌握。不过，这幅的黑暗部分和蓝色成对比；更正确地说，它们融合在蓝色里面。"

直到去世，文森特未能再卖出一张画。

　　文森特又发病。佩龙医师原本怀有一丝希望，以为文森特有救，这下子，盼望硬生生落了空。4月底，文森特能够写信时，他希望特奥去"恳求奥里埃先生，不要再写文章谈论我的画。请告诉他，他对我的看法并不正确，因为实际上我内心深感悲戚，无力应付这些报道。画画只是我的消遣。听见人家谈论我的画，我心中的难受是他无法明白的"。

　　不知何去何从的文森特，在圣保罗度日如年。"此地的人事逐渐让我难以负荷，压力沉重得不知如何形容，真的，我需要新鲜空气，我觉得自己陷溺在无聊和悲哀里。我已经没有耐心，再也忍受不了了。我要改变一下，即使结果更糟也无所谓。"他自己订下了最后期限，5月15日，佩龙医师倒不反对。

　　1890年5月17日，特奥在巴黎的里昂车站月台上迎接文森特，随即带他到皮加勒城区街8号，特奥

> "丝柏老浮现在我心上。我希望把它们处理得像我画向日葵一样。我很惊讶，居然从来没有人把丝柏画成我想象中的样子。它们的线条和比例都非常美，很像古埃及的纪念石碑。那种绿非常有格调，非常显眼。"
>
> 致特奥的信
> 1889年6月25日

一家就住在这儿。看到文森特身材高大，不但精力充沛，而且神态安详，约翰娜甚感诧异。文森特和特奥俯身望着躺在摇篮里的小文森特，兄弟两人热泪盈眶。次日早晨，文森特起了个大早，把油画摊在地板上，注视良久。后来特奥带文森特参观他的收藏室——除了文森特的油画，还有罗素、吉约曼、高更、贝尔纳等人的作品。他们参观了校场沙龙展之后，已没有时间再到美术学校参观日本画展了。文森特不想多待。特奥马上通知加谢医生，文森特要去见他。

## 文森特带着介绍信，夹着油画，在欧韦下了火车

初见加谢医生，文森特觉得此人怪里怪气。文森特由他一路带到雷米街，那儿有家圣奥斑旅社兼咖啡馆，寄宿费每日 6 法郎。文森特宁愿住到市政厅广场的拉武夫妇家，那儿只要 3 个半法郎；况且拉武夫妇对文森特一无所知，而文森特在谈话和待人时也丝毫看不出任何异常的迹象。文森特觉得欧韦很美，开始动手作画。3 天后，他开始起疑，不知加谢医生值不值得信赖。他临时起意，不约时间就去找他。但加谢医生到巴黎看病人去了。

5 月 25 日星期日，文森特见到加谢医生。医生邀他星期二到他家作画，顺便让文森特看看他自己的油画。过后不久，文森特开始画医生的肖像。有个周日，特

*me casquette blanche Très blonde très claire les mains*
*cation claire en frac bleu et un fond bleu cobalt*
*une table rouge sur laquelle un livre jaune et*
*c digitale à fleurs pourpres. Cela fait ~~une~~ est dans*
*autrement que le portrait de moi que j'ai pris lorsque*
*pour ici. ~~Il est absolument~~*
*est absolument analogue pour ce portrait et veut*
*e un de lui si je peux absolument comme cela*
*sue faire aussi. Il est maintenant aussi*
*e dernier portrait D'arlésienne ~~et~~ dont tu en*
*lorsqu'il vient voir les études tout le temps*
*il les admet en plein mais en plein tels qu'ils sont*

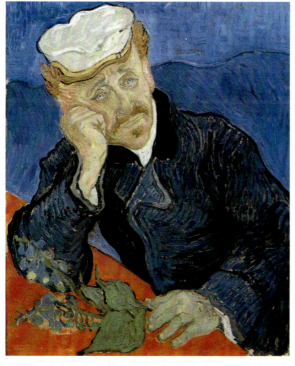

《加谢医生的肖像》，1890年6月绘于欧韦。这位医生是个古怪的人。他跟印象派画家交朋友，经常邀请他们到欧韦，尤其对毕沙罗和塞尚两人有好感。塞尚还画过他家的房子。左页下图的版画是用医生家里的印刷机印的，医生自己也作版画。他用范·里尔（Van Risle）来签名。里尔是他的故乡，佛拉芒语拼成Risle。左页上图是文森特给特奥信上所附的速写，画的也是加谢医生。

奥夫妇到欧韦来，大家在花园里进午餐，文森特抱来母鸡、兔子和猫，跟侄儿玩。后来大家一起去拉武家看文森特最近的画。"感觉十分舒适安详，"文森特

自己说。在圣雷米画的油画寄到了特奥那里，而文森特仍在画风景，画拉武夫妇的女儿、加谢医生的女儿。文森特知道他的家具已经由阿尔勒寄出，便打算在欧韦租间屋子，这样比住在拉武夫妇家贵不了多少。可是侄儿生病，约翰娜日夜操劳，劳累不堪。特奥甚为担心，在6月30日的信上说："我整天工作，也无法让约翰娜不为金钱发愁。布索和瓦拉东这两个吝啬鬼就是不肯加我薪水。"特奥打算离开他们，自己做卖画的生意。

　　7月6日，文森特来到特奥家时，特奥还拿不定主意，约翰娜的身体才稍稍恢复。奥里埃自从在沙龙展

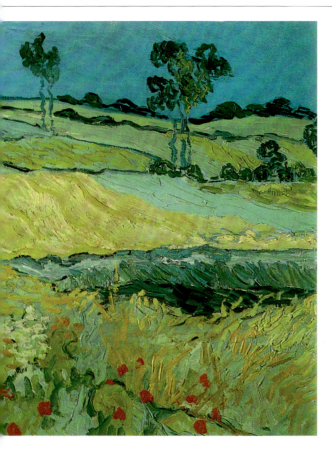

《欧韦的平原》，1890 年 7 月作。文森特逗留欧韦时，狂烈的创造力奔腾不歇。他不停地画素描、习作和油画。根据他告诉特奥的话，从 5 月 21 日到 7 月 23 日，他画了几十张画。其中有些作品极为特殊，大多是不含人物的风景画和人像画。人像画画的是加谢父女、拉武夫妇的女儿以及他所住酒店的老板。

看过文森特的画，就希望和文森特见上一面。这天，他来了；劳特累克也留下来吃中饭。文森特在疲倦、烦躁之余，不等吉约曼到达，便跑出去坐火车回了欧韦。特奥告诉过他，用钱必须十分节省，他再无能力按时寄钱给他。

### "回来后我依然觉得难受……"

7 月 14 日，他画了国旗飘扬的市政厅，树上张灯结彩的广场。他活在孤独中："我想还是不要对加谢医生抱任何指望。"特奥一家到莱顿、海牙、阿姆

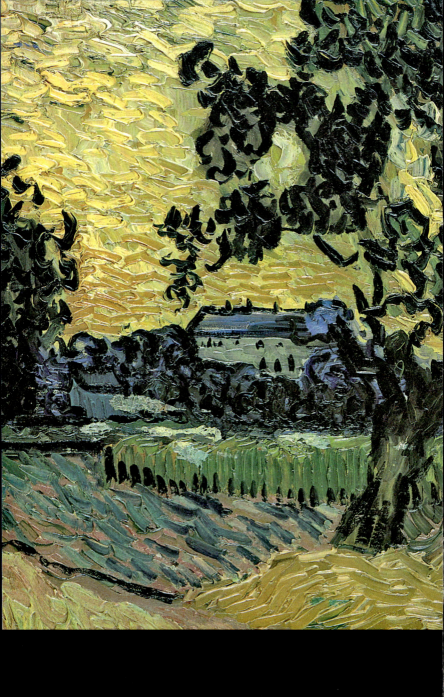

《欧韦景致》，1890 年6 月作。此画问世至今 100 余年，原地的景色已经改变。但只要站在文森特当时作画的地点就很容易看出，文森特的写生油画和实景之间仍有相似之处。

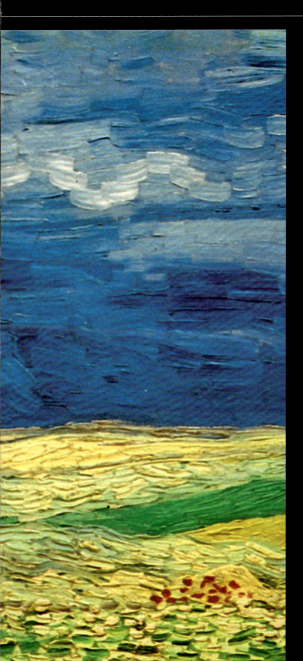

《蓝<sup>天白云</sup>》, 1890 年
7 月作。巴黎地区
的天空经常飘着变幻莫测的
白云, 而普罗旺斯晴朗的蓝
天则另有一番味道; 这两种
天空是文森特最后几幅油
画的灵感来源。画中, 飘浮
在阳光里的小块白云非常类
似柯罗和布丹的作品中文
森特所喜爱的云彩。不过,
文森特在自己的画中把白云
连成一串, 仿佛有一股力量
在推动白云。

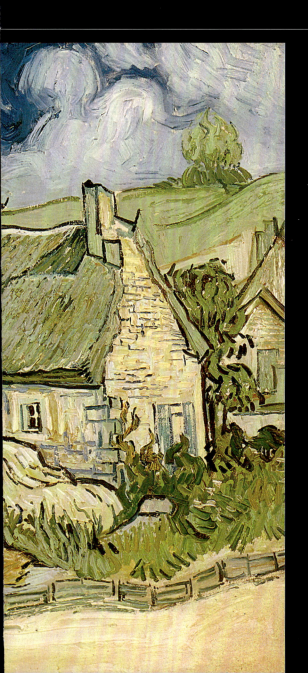

《蒙赛尔的茅屋》，1890 年，作于欧韦。这一年 5 月 21 日，文森特抵达欧韦。他一到便立刻写信告诉特奥，此地"很美，有许多古旧的茅草屋，这种屋子越来越少见了"。他又说，希望画"几幅这种茅屋……它们真是美极了"。文森特在奥维尔附近四处走动，寻找写生题材。第二天，他在瓦兹河沿岸逛了一整天，天黑时已经画了"一张茅顶旧屋的习作，前景是麦田和开花的豌豆田，背景是山丘"。

斯特丹旅行了一趟，回来后给文森特寄了 50 法郎。文森特写信道谢，并说他才购买的颜料已经少到"不可再少"。

## "我的生活根基已腐蚀，我的脚步踉跄……"

27日，一向准时的文森特在吃晚饭时没有露面，拉武夫妇非常担心。有人见到文森特已经回来了。老天，他躺在三楼的顶楼小房间里，全身是血。马泽里医生和加谢医生急忙赶来。子弹穿过文森特心脏下方，两位医生决定不要取出子弹。加谢医生想通知特奥，但文森特拒绝说出特奥的地址。整个晚上，拉武夫妇和加谢医生的儿子守候在文森特身边。有个

《乌鸦飞过麦田》，欧韦，1890 年 7 月。据说这是文特森的最后一幅油画，可是他在信里全然没有提到这件事。

叫希尔什基格的房客也是个荷兰籍的画家，在隔日赶头班火车到巴黎，把加谢的信带给特奥。中午，特奥赶来，他仍怀希望。他写信告诉约翰娜："他身体强

健，活过来了。"文森特想抽烟，人家把他的烟斗拿给他抽。文森特和特奥两人用荷兰话交谈了几句。

1890 年 7 月 29 日，凌晨 1 时 30 分，文森特·凡·高去世。

欧韦的牧师不肯为文森特举行追思礼拜，因为文森特死于自杀。7 月 30 日，贝尔

当时的报纸刊登了一则短讯，报道文森特去世的消息。不到一年，特奥也在荷兰的乌得勒支去世。1914年，特奥的骨灰迁移到欧韦，从此这两兄弟在一起长眠于地下。

纳、唐吉老爹、洛泽、毕沙罗、邦热和加谢医生陪同特奥在酷热中为文森特送葬。黄色花朵夹着向日葵投在文森特的坟上。特奥的口袋里放着一封文森特没有写完的信，这是在他的房间里找到的。"……我以生命为赌注来画画，为了它，我可说是丧失了正常的理智。而就我所知，你不是个做生意的人，但你能够以人道关怀作为行事依据，我能说什么呢？"

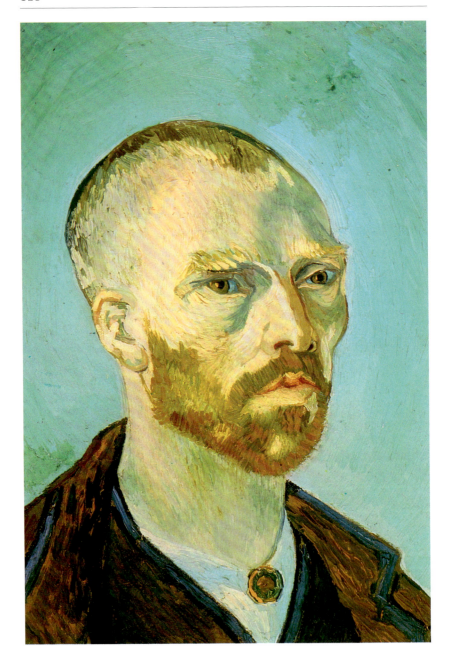

# 见证与文献

凡·高在信札里记录日常生活和内心思想；
喜爱他的人，也著文论述凡·高其人其画。
画仿佛光源，这些文字因之成形；
而经由这些文字的反射和映照，
后人更能深刻认识凡·高的世界。

# 文森特的信简

文森特的第一幅油画完成于1881年12月。1890年他去世时，留下了879幅作品。他不仅留下了这些作品，还留下了信件，几乎全都完整无损。从1872年8月到1890年7月他去世，文森特写了不下800封信，其中668封是给他的弟弟特奥——文森特的至亲、良朋、支柱；特奥是文森特的另一个自己。文森特在信中用了荷兰文、英文和法文。

**亲爱的特奥：**

承蒙你好意写了两封信给我。爸爸在我焦心等待下也来看我。现在我有些话要告诉你。

首先，爸爸跟我说，这阵子以来你一直寄钱给我，却都瞒着我，不说是你寄的。那些钱确实帮助我解决了困难。我衷心感谢你，希望日后不会让你感到遗憾。由于你的资助，我可以学会一项职业，即使不能因此而致富，起码能够每月至少赚得100法郎，这笔钱正可以供我生活花费，让我更安心画素描，以便日后找个稳当的工作。

前封信上，你对画家海尔达尔所做的解释，拉帕尔和我都极感兴趣。也许拉帕尔会写信跟你聊聊这事，所以我只讨论与我有直接关系的问题。

你对荷兰画家的批评，我认为十分正确。确实，我们不大可能从他们那儿学到有关透视一类的观念，而这些却正好是我非常需要的。

无论如何，我同意你说的，像海尔达尔这样的人（他似乎学问渊博），远强过那些不懂得说明自己的技巧，不能给予别人指导的人。你说海尔达尔为了决定"画的比例"会煞费苦心。我需要的正是这么一位老师。

太多画家不懂"画的比例"，

不懂画的优美纯粹的线条，画的特殊构图、观念和诗意。然而，这些基本问题正是布雷东、米勒、伊斯拉埃尔斯（Israëls）、费扬-佩兰（Feyen-Perrin）、于利斯·比坦（Ulysse Butin）或阿方斯·勒格罗（Alphonse Legros）等人十分关心的。

许多荷兰画家根本不懂什么是好作品。像鲍顿、密莱司（Millais）、平威尔（Pinwell）、杜莫里埃（Du Maurier）、赫尔科默（Herkomer）和沃尔克（Walker）这些人就真的是素描大师。他们在其他方面的才能我就不说了。

有的人对这些人的作品摇头表示不屑，就像有许多人（甚至那些比利时画家，照说他们应该比较了解才对）看到德格鲁（De Groux）的油画时，居然大摇其头。这星期，我看了德格鲁的画是以前我没看过的：一张油画《新兵出征》，一张素描《酒鬼》。这两幅画的构图与鲍顿的作品极为相似，令我十分惊讶。他们仿佛两兄弟，素未谋面，却过着同样的生活。

你知道，我对海尔达尔的看法和你相同，如果哪天能认识他或什么的，我会很高兴。我不认为一定要回荷兰；甚至，我希望能前往巴黎，能在那儿成个小有名气的画家最好……

永远爱你的文森特
1881 年 4 月 2 日
布鲁塞尔

**最亲爱的弟弟：**

跟你说说我去兹韦洛小游的事。德国画家李卜曼（Max Lieberman）在这个小村庄住过一段日子，画了一些习作。上次沙龙展他那张画洗衣妇的油画就是根据习作所画的，特尔·默伦（Ter Meulen）和尤勒斯·巴克赫伊森（Jules Bakhuizen）也曾在那儿住过一段日子。

特奥像。伊萨克松画。

你想象一下：清晨3点钟，坐在小马车里（我房东陪着我，他要上阿森市场去），我们走过遍野石南树的荒原，我们走的那条路，这儿的人说是"堤岸"。为了填高路面，路上撒了污泥。这比乘坐拉纤小船舒服多了。

天刚破晓，从荒原中三三两两的茅屋里传出了公鸡的叫声。我们路过一间间孤立的小屋，四周围绕着颀长的杨树，枯黄的叶子簌簌地飘下；矮塌的古钟楼矗立在围着土墙和榉树的公墓里。风景、荒原、麦田，这一切的一切映入眼中，都成了柯罗最美的图画中的题材。寂静、神秘、和平，恰似柯罗画中的情景。

6点钟我们到达兹韦洛，这时天还没有大亮，路上看到的全是柯罗画中的景致。坐马车来到村庄，真是愉快！房子、牛栏、谷仓、羊圈上面全是覆满苔藓的大屋顶。

这儿的住家相隔颇远，屋与屋之间种着青铜色的橡树，非常漂亮。苔藓上有各种金色带绿的色调。地上是红灰、蓝灰、暗紫灰色彩；麦田里则是难以形容的纯绿色调子；潮湿的黑色树干衬托着金雨般翻飞的秋叶，宛如乱发。有些叶子被秋风吹落，点点滴滴撒在天空中，有些仍附着在杨树、桦树或苹果树上。

天空晴朗无云，极亮丽，是一种难以捉摸的淡紫色；只在有红色、蓝色、黄色的东西对衬下才是白色的。这是一种可以显示一切的天空，从四面八方把你团团围住，有点湿润，融化在轻雾中。所有景致都带了一抹灰，细腻的灰。可是在兹韦洛，我一个画家也没见到。人家告诉我，冬天里画家根本不会来。我偏就要在冬天到这儿来。

既然没有人来这儿画画，我决定不等我房东回来，自己徒步走回去，路上顺便画点素描。我动手画一张苹果园的草图，李卜曼曾用这题材画了一张大油画。画完草图，我沿着坐马车来的道路走回去。

兹韦洛附近一带此时是麦苗初长的时节。有些地方麦田一望无际，那是我所见过的最娇嫩的绿色。

麦田之上的天空，白色中透着淡紫，效果十分微妙，我想是画不出来的，但我觉得必须懂得这种基本的色调才行，它是产生其他效果的基础……

在这儿走上几个钟头，你会以为天地间只有无边无际的大地——绿色斑点似的麦田，无垠的石南荒原，以及无止境的虚空。人和马在其中渺小得犹如跳蚤。在这种天空下、这种土地上，人再伟大也会觉得自己一无所有，只知有天地。个体微小如尘；顾盼众微尘（别管那无限的天地），粒粒微尘尽皆米勒画笔下的人物。

我走近一间年代久远的小教堂，那教堂就像卢森堡美术馆所收藏的一幅米勒小油画：《格雷维尔教堂》；不过这儿没有画中锄地的农夫，倒有牧童沿着篱笆在赶羊。背景里也看不到海，只有一片汪洋似的青麦和犁沟，不见浪涛。不过产生的效果却是一样的。

后来，我又看到几个正在忙碌着耕地的农民，几个养路工人，几大车厩肥。在路旁一家客栈里，我画了一个正在织布的小老太婆，矮小阴暗的身影仿佛来自童话世界；从她面

1883 年元月写给特奥信中的素描。

前的窗子朝外望去可以见到淡淡的天空，一条小路蜿蜒在绿茵里，有两只鹅在啄草。

接着，黄昏来临，那是多么的寂静与安详啊！想象一下：一条小径，两旁杨树高高耸立，一身秋天的叶子；想象一条全是黑色烂泥的大路，右边是无边无际的石南荒原，左边还是荒原。几间草皮茅屋的三角形暗影映着炉灶红光的窗口。几处脏黄色的水坑映出天空一隅，水中有腐烂的树根。在泥泞中，一个满脸胡子的牧人赶着一群羊。羊儿围挤成一圈椭圆，下半身沾满污泥，挤来挤去，交叉穿梭。羊群向你走来，围着你。这群不太听话的羊，在烂泥中慢慢向前移动。

羊棚看起来也成了黑色的三角形剪影。羊棚的栅门洞开，像是兽穴的入口。透过木板隙缝，可以见到远处的天空。这群沾着烂泥的羊朝洞里拥进去。牧人和一个手提灯笼的矮小妇人关上了门。

昨日犹如一阕交响乐，羊群在暮色中返家那一段情景是最后的乐章。

一整天像在梦里。从早到晚，我陶醉在这哀凄的音乐中，连吃喝都忘了，只在小客栈里画纺车时，吃了一块乡下面包，喝了一杯咖啡。

那天结束了，从黎明到黄昏——或说从夜晚到夜晚吧，我陶

醉在交响乐声中。

回到家，在炉火边坐下来，我才发觉肚子饿得要命。我在这儿的日子就是如此！仿佛置身千百幅名画展览中。这样的一天有什么收获呢？收获就是一大堆速写以及一种渴望，渴望安安静静地作画。

赶快写信给我。今天星期五，还没收到你的信，我等得好不心急。兑换外汇颇花时间。我必须先跑一趟霍赫芬，然后再回来。事情会有什么变化我们不知道。不过最简单的方法，也许就是每月汇一次钱。无论如何，请赶快再写信给我。

在此与你握手问好。

永远爱你的文森特

1883 年

**亲爱的特奥：**

今天一大早我就给你写了信，然后画画，画一张阳光下的花园。后来我把那幅画拿进来——又拿出一张白画布，这张也画完了。现在我又想再给你写信。

我的运气从来没有这么好，这儿的大自然"异常的"美。天空蓝得叫人赞叹，太阳射出淡淡的硫磺色光芒，温柔可爱，很像范德米尔的画中天蓝色与黄色的配合。我没办法画得那么美，可是我陶醉在画画中，信手画去，不管什么规则。

我画了 3 幅花园，2 幅咖啡馆，画了向日葵，画了博赫的肖像和我的自画像，还画了工厂上的红色太阳、卸沙的工人、旧磨坊。其他的习作不算，你瞧我画了多少。可是今天，我的颜料、画布、钱，全都用完了。最后一张画，用光了最后几管颜料和最后一张画布。那张画画的是一座翠绿的花园，只用普鲁士蓝和铬黄画出真正的绿色。

我渐渐觉得自己和刚来此地时很不相同，我不再怀疑了。这种信心也许还会增长。

此地的景致真美！我去的那座公园，就在那些小美人的街道附近。穆里耶却不去那个公园。我们几乎每天都会到公园散步，不过是到另一边那 3 座公园。

你可知道，正因为如此，那个

地方散发出某种说不出来的味道，接近薄伽丘的味道。

这边的公园，大概也是出于贞洁或道德的缘故，没有种夹竹桃那种开花的灌木。这儿只有普通的梧桐，挺直的枞树丛，一棵枝丫倒垂的树及一片青草地。

不过这儿有一种亲切感，马奈画的公园就是有这种味道。

若你负担得起我的颜料、画布和我的生活费用，请还是寄来。因为我正着手想画的，会比上次寄给你的更好。我想我们稳赚不赔，只要我能搞出好东西来，我在努力。

我的习作，托马斯不肯出价二三百法郎吗？如果他肯，我就可以赚个上千法郎——不是一说再说了，眼前所见的景色，令我陶醉又陶醉！

而这些都让你产生秋日的憧憬，让你的灵感奔腾，连时间消逝了，你都毫无察觉。节日过后要当心，冬天的北风要留意。

今天心里老惦着贝尔纳。他在信中显然很崇拜高更。他说，他认为高更是伟大的画家；和高更相比，他觉得自己的画糟透了。你知道吗，这个冬天贝尔纳还跟高更吵架呢。不过不管发生什么事，这些画家总是我们的朋友，不论情况如何，他们永远是我的朋友。我有这间屋子能够作画，感到非常幸福，我觉得我一定会

再得到幸福的。你也会走运，和我一样得到幸福的。

不久前，我读到一篇文章，讨论但丁、彼特拉克、薄伽丘、乔托、波提切利等人。老天啊，这些人的信真令人感动。

彼特拉克曾经来过附近的阿维尼翁。我现在看到的丝柏和夹竹桃也正是他所见过的。

我设法把这些全画进一张花园风景，用浓浓厚厚的柠檬黄和柠檬绿来画。乔托最令我感动，他身体一直不好，但善良、热诚不减。

乔托非常杰出，他给我的感受，强过但丁、彼特拉克和薄伽丘这些诗人给我的感受；我懂他懂得多些。

我总觉得，作诗比画画苦。虽然画画比较脏，比较麻烦，但是画家毕竟是沉默的。我倒比较喜欢这样。亲爱的特奥，等你看到这儿的丝柏、夹竹桃，这儿的太阳——放心，你终会有看到的一天——一定会想起沙瓦纳画笔下那些美丽的《可爱的家乡》。

这儿的人说话时带有特殊的口音，虽然具有都德、杜米埃笔下滑稽人物的一面，却也可见到希腊遗风。阿尔勒有自己的维纳斯。

我很笃定，总有一天你也会到法国南部来。

莫奈在昂蒂布，你也许可以去

看看他，要不然你另外找个机会去。

　　这儿刮起强风时就不可爱了。这种"密史脱拉风"真是讨厌，又干又冷，吹得人不舒服。可是不刮风的日子，我们得到多大补偿啊！颜色多么强烈，空气多么纯净，光线多么明朗！

　　明天我要画素描，直到颜色的感觉油然而生。但我现在决定不再用炭笔勾勒——那样做根本没什么用，勾勒要直接用颜色画才能画得好。

　　啊！《独立杂志》要举办展览——那好，可是我不想多说，我们都经验老到，不会走错门路了。

　　我们一定要想办法卖画，才能再画出更好的画。我们从事的是艰苦的行业，但是让我们另起炉灶，那是得不偿失的。

　　今天下午，看我作画的人很多……有四五个男人和十多个小孩。他们看我把颜料从管子里挤出来，兴趣盎然。这群观众就代表了对我的赞美。也许我应该这么想：我下定决心不去考虑自己的抱负或别人的赞美，就像现在我毫不在乎这些小孩子和罗讷河边的混混，也不去管它这是不是阿尔勒城边的街道……

永远爱你的文森特

1888年

1888 年 10 月写给特奥的信及所附素描。

**文森特致特奥的信：**

我们现在来谈谈高更那一封电报让你花费的那笔钱。为了这封电报，我已经狠狠责备了他一顿。

这笔弄错的钱不到200法郎吧？高更他自己认为这种手法高明吗？好吧，这没啥道理的事，我不多说了。我自己做事十分迷糊，但这个聪明的朋友为什么也不比我稳重呢？

这件事我不再多说了。

你就这么把钱付给高更，我极为赞赏。他交上我们这种朋友一定高兴得很。这笔钱也许付得太多，也不合理，不过我在其中瞥见一线希望。

至少他应该明白，我们并没有剥削他，而是尽力在保障他的生活，让他能够作画，而且……我们在让他诚实做人吧？

如果这不符合他艺术家协会的伟大计划（你也知道他多在意这件事），不符合他的其他梦想——那么，就算他行事糊涂，无意中为你、我添加痛苦和损失，又何必责怪他呢？

如果你认为这种看法太过分，那么我不再多说，我们等着看好了。

他以前出过一桩所谓的"巴黎银行事件"，情况与这次很像。他自以为高明，可是真不巧，你、我对这种事都没兴趣。

不过，这跟他以前信上所说过的话倒是颇一致。

高更最好在巴黎好好自我反省一下，或者让专科医生检查一下，我真不知道答案会是什么。

他做过好些事，那是你、我不会去做的，因为我们的道德标准和他的不同。我听人家说，他的这种事已发生过两三次。不过，就我的观察，我认为他是被自己的想象所左右，也许是太自负吧，不过……多半不能责怪他。

这个结论不表示你要事事顺他。不过你在跟他结算账目时，表现得诚实无欺，所以我想我们不用害怕，我们不会上当，不会重蹈"巴黎银行事件"的覆辙。

可是他……随他去独立吧（他怎么会认为自己有独立的性格）。让他去发表自己的看法吧，既然他自以为比我们懂，就让他走他自己的路。

他向我要一张《向日葵》的画，然后要把留在此地的几张习作送给我。我想是作为交换或是礼物的吧。我会把他的习作寄还他，这些习作对他或许有用，在我这儿却派不上用场。

不过我留着画，而且绝对要留住我的《向日葵》。他有两张《向日葵》，应该知足了。

要是他不满意，就把他那张画了马提尼克岛的小画以及从布列塔尼寄给我的自画像拿回去吧。可是他要把我的自画像和他在巴黎拿走的那两幅《向日葵》还我。

《在炉火前》。文森特 1881 年元月给特奥
信上的素描。

　　如果他日后再提这事儿，我的
答复就是这样，够清楚了。

　　高更说他是怕妨碍我才离开我
的？他怎么可以这么说呢？他知道
我一直要见他，人家也都这样告诉
他的。

　　我才告诉他，说这是他和我之
间的事，不要去打扰你；他却不加
理会，还是去烦你了。

　　斤斤计较这些事，又唠唠叨叨
一说再说，实在令人厌烦。我这是
要让你晓得，花掉了你的钱，有些
是我个人的支出，有些则不能由我
负责。这两者是要区分的。

　　将来会如何，得等我慢慢恢复
体力后再说。正因为怕再花钱，我

极为担心情况有所变化或搬家。好久
了，我都无法好好喘口气。我不放弃
画画，总会有希望的。最后一定能卖
画以弥补往日所花的钱……

　　这封信真长。我说了这个月的
情形，也抱怨了一阵高更。他就这样
掉头走开，实在奇怪。不过，我要再
说几句赞赏他的话。

　　他极能控制每日的费用，这是
他的长处；我就心不在焉，只想着最
后能扯平就好。在金钱方面，他比我
更能量入为出。他的弱点是会莫名
其妙地闹别扭，把自己的安排一手
弄乱了。

　　可是一个人一站上了岗位，是要
坚守下去，抑或是临阵脱逃呢？

　　我这么说不是在论断谁，因为我
也不希望一旦无力支撑时还被人指
责。但高更既然是个大好人，如此
乐善好施，他要如何努力表现呢？

　　我跟不上他的作为了。我默然
停下脚步，心中却不免产生疑惑……

　　　　　　　　　永远爱你的文森特
　　　　　　　　　1889 年 1 月 17 日

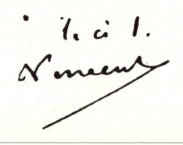

**亲爱的特奥：**

这几天没收到你的信，我多少感到诧异。不过，就像上次你去荷兰一样，大约是不凑巧吧。

希望现在你的事都已顺利解决。我向塔塞订购了 10 米画布、几支颜料。

我还需要：

| | | |
|---|---|---|
| 12支 | 锌白 | 大 |
| 1支 | 翡翠绿 | 大 |
| 2支 | 钴蓝 | 大 |
| 2支 | 深蓝 | 大 |
| 1支 | 朱红 | 大 |
| 4支 | 孔雀绿 | 大 |
| 3支 | 钴黄1号 | 大 |
| 1支 | 钴黄2号 | 大 |
| 2支 | 胭脂红 | 中 |

我画了 6 张春景习作，其中有两幅大的果园。画得很仓促，因为光线的效果转眼即逝。

请赶快写信给我。我租了一间公寓，有两个小房间（每月房租 6 或 8 法郎，包括水费），房东是雷先生。房租显然不贵，但比上次那间画室差。由于又要搬家又要寄画给你，还得付清上次的房租，所以我才有点诧异你没有寄钱来。

不过不管它了。

我再次希望你结婚事事如意，并衷心祝你和你的妻子幸福快乐。

永远爱你的文森特
1889 年

1889 年 4 月写给画家西涅克信中的素描。

**亲爱的朋友高更：**

谢谢您又写信给我。亲爱的朋友，请相信我，自从回来之后，我天天都想到您。我在巴黎只停留了3天，巴黎的噪音等等给我的印象恶劣。为了不发疯，还是逃到乡下来比较安全，要不然我早就跑去找您了。

您喜欢那张根据您的素描所画的阿尔勒少女肖像，我非常高兴。

我尽量忠于您的素描，不过我大胆运用色彩来诠释这素描的风格及朴素的一面。

这可说是合成的阿尔勒少女，这种画并不多见。请把它视为您跟我的作品，当作是我们共同作画几个月所得的成果。

为了这张画，我还病了一个月。但我知道这幅画会得到您和我以及少数几个人的理解。我在这儿的朋友加谢医生，经过两三次摸索之后也懂得了，他说："要画得简单明了可不是容易的事"——为了强调这件事，我还要把它制成蚀刻版画，然后到此为止，谁要就送给谁。

见过橄榄树吗？我现在有一张加谢医生的肖像画，表情像我们那时候那样难过。有点像您说的您那张橄榄园的基督，注定不被理解；不过我随您到此地步，其中微妙之处，我弟弟体会得到。

我还画了那边的一株丝柏和一颗星星。最后一次尝试——夜空中，一弯细细的新月，从大地投射的浓密黑影中露出来——星星的亮光很夸张，云彩飘飞的天青色空中，

这几张用石墨笔画的素描，见于文森特的速写簿。文森特去世前几周仍随身携带这簿子。

有粉红色及绿色的柔光。底下一条道路，两旁是高高的黄色草秆，后面是蓝色的低矮山脉，有家旧旅店窗口亮着橙色的灯光，一棵高高的丝柏，笔直而黑暗。

路上有一辆黄色的马车，但马是白色的，还有两个滞留未归的行人。

这幅画可以说十分浪漫，不过我觉得也带点普罗旺斯的情调。

也许我会把这一张和其他的风景画及写生都制成蚀刻版画。这些普罗旺斯的回忆，我很乐意送您一张，这是用心研究后的成果。我弟弟说，把蒙蒂塞利的画翻制成石版画的洛泽，认为那张阿尔勒少女的头像画得还不错。

我到巴黎时有点迷迷糊糊，所以还没见过您的作品，但我希望很快能回巴黎住上几天。很高兴从您的信中得知，您和德安已回布列塔尼。

如果你们允许的话，我可以去和你们待一个月，画一两幅海景，但其实是去看您，并认识一下德安。我们在一起可以努力画些正经的东西——如果我们继续在阿尔勒住下去，画的也许就是正经的画。

告诉您一个想法，可能您会喜欢。我想画些麦田，只有蓝绿色的麦穗，长长的叶子像缎带，闪着绿色和粉红色的反光，麦穗有点发黄，边缘上是淡玫瑰色的粉末状的花——一株粉红色牵牛花缠绕着麦秆。在活泼但宁静的背景上，我想画些肖像，用各种不同的绿，明度相同，形成一片绿，借着颜色的颤动，让人想起麦穗在微风中摇晃的悦耳声响；在色彩方面，则太难处理。

未完
1890 年

# 有关凡·高的著述

讨论画家的书籍、文章里，数量最多的恐怕是以文森特为主题的了。1942 年有一项统计：自 1890 年文森特去世那一年起，50 年内，有关文森特的著述共计出版了 777 件……他去世已百年有余，论述他的文章仍源源不绝。文森特其人宛如谜团，集意志、疯狂、苦难于一身，引人钻研，惹人怀想。

文森特画过高更的人像，视高更为绘画事业的老师，也当他是朋友。两人在阿尔勒一起住过一段时间。后来高更说他们的关系变得紧张了，他无法忍受，终于离开了文森特。

我已得知文森特去世的消息。您参加了他的葬礼，我深感欣慰。

他去世这事固然可悲，给我的哀痛却不大，因为我已经预料到这样的结局，也知道他挣扎于疯狂之中的痛苦。如今他去世，对他而言是大幸；因为这正是痛苦的结束。如果来生重返人世，他必能得到此生善行的果报（根据佛家所言）。他离开人世时，他弟弟没有遗弃他，此可堪告慰矣。也有几个画家了解他……

高更
《野蛮人的故事》

不管在任何地方，我都需要一段酝酿时期，重新认识当地的植物和树木。这种大自然的特质变幻莫测，难以测度，不易知悉。

所以我在阿尔勒住上好几个星期之后，才能体会出阿尔勒及其附近地区的粗犷风味。我们努力作画，文森特最是孜孜不倦。我们两人，一个犹如火山，另一个内心里也如同沸水，可以说无时无刻不酝酿着冲突。

首先,我看到的一切事情都混乱无序,令人不快。文森特那一堆从不关上盖子、挤扁了的颜料,箱子几乎装不下了。尽管如此杂乱无章,画布上却涂满耀眼夺目的色彩;他说起话来也是如此。都德、龚古尔、《圣经》燃烧着这个荷兰人的脑子。

阿尔勒的码头,阿尔勒的桥和船只,甚至整个法国南部,在他眼中都成了荷兰。他写信却忘了用荷兰文。从他写给弟弟的信件中我们可以看到,他写信只用法文,而且写得真叫人佩服,"只要""至于"这些词,用得没完没了。

尽管我试着从他杂乱的思路中,想要理出一条合逻辑的批评准则,我仍然无法理解他的画和他的见解之间的种种矛盾。譬如说,他对梅索尼埃佩服得五体投地,对安格尔却深恶痛绝。德加让他觉得望尘莫及,塞尚不过是故弄玄虚。提到蒙蒂塞利,他就感动得掉眼泪。

就算他不情愿,甚至会生气,他还是得承认,我是个智商极高的人,然而我有个象征愚蠢的窄额头。

他这个人温和亲切,很有基督徒那种博爱精神。

从第一个月起,我就发现,我们两人共同账目的支出也同样没有条理。怎么办?事情相当棘手,因为我们的钱很有限,又是由他弟弟所提供的;我是以油画折价入伙的。事情不

能不说,但说了又极易引起误会。所以我很谨慎,并以颇不符合我性格的态度来提出这个问题。

我们在一个盒里放些钱,以备解决生理问题的夜游之用,买烟草等不时之需,及房租费用。盒里有纸有笔,每人诚实地记下取用的数目。其余的钱放在另一个盒子里,分成4份,作为每周的伙食费。我们没钱去小餐馆吃饭,就由我在一个小瓦斯炉上做菜,文森特则负责买菜。有一次文森特煮浓汤,我不知道他是怎么调配的,看来和他画布上的颜料一样。反正,那锅汤最后根本不能喝。文森特一边笑一边大叫:"塔拉斯孔! 向都德老爹致敬!"……

我们在一起住了多久? 完全记不得了。尽管事情发生得很快,尽管我狂热地作画,这段时间我仍觉得度日如年。

别人无法明白,我们两人在那儿画了一箩筐的画,完成了对彼此有益的大事。也许对别人也有益处? 事情总会开花结果的。

我刚到阿尔勒时,文森特正陷在新印象派里越趄难行,他很痛苦。这并不是说新印象派不好,只是,新印象派实在不适合文森特;他那么没耐心,又不够坚定。

他喜欢用黄色配上紫色。这种互补色他用得没有章法,所得的只是平淡的协调,不完全,而且单

调；缺乏响亮高昂的调子。

　　我着手开导他。这对我是轻而易举的事，因为我找到了一块丰饶多产的园地。像所有具独创能力、性格鲜明的人一样，文森特不怕别人议论，也不固执己见。

　　从此，凡·高进步惊人。他似乎瞥见了自己内在的东西，于是在烈日底下，一幅一幅描绘起太阳来。

　　在此不细述有关技巧的问题。但是你要知道，凡·高得到我的教导获益不少，却丝毫没有失去他自己的独创性。他每天都因为我的开导而感谢我。他写信告诉奥里埃先生，说他从高更那儿获益良多，指的就是这个意思。

　　我到阿尔勒时，文森特正在寻找自己的路子。我呢，年纪比他大多了，已经有了自己的风格。我从文森特那儿倒也得到一些东西。由于知道自己有益于他，我对自己以前的绘画观念也就更有信心。再说，碰到难过的日子，我会想到还有人比我更惨哩。

　　……我快离开那儿时，文森特的脾气变得十分暴躁，一会儿大叫大嚷，一会儿一言不发。有几个晚上，我老是突然惊醒，发现文森特已经起床朝我走来。

　　为什么我会在那个时刻醒来呢？

　　我态度严肃地对他说："怎么了，文森特？"他就会一声不吭地又回到床上，死沉沉地睡着。

　　我一时兴起，画了一张他正在画心爱的向日葵时的肖像。画完后他对我说："画得真像我，不过是发疯了的我。"

高更

《野蛮人的故事》

高更自画像。1889 年作。

　　米尔博（Octave Mirbeau）是 20 世纪初的法国作家，他经常为文森特介绍当时名不见经传的艺术家。

　　文森特·凡·高是个个性极为奇特的人。他焦躁，他不安，他也性格强烈，画家气质丰富多姿。今天，在贝尔南先生的画廊里，有他的画展，展出精选作品，其中有几幅实在令人赞叹……

　　凡·高这个名字对我深具吸引力，闻其名便觉得其人必然与众不同；未能结识他，我引为憾事。他感情澎湃的一生足以激动人心; 他痛苦的死亡则是个悲剧。如果他不是因疯狂而死, 至少精神已经不太正常。

然而, 读过不久前《法兰西艺闻》杂志所发表的那些信件后, 可知他的脑筋比谁都要正常。他的见解极为睿智, 毫无夸张过分之处; 亦无划地自限的宗派之见, 对谁都给予应有的评价, 包括对莫奈和梅索尼埃的意见。在文学方面, 他的看法还不够大胆——他认为莫泊桑的小说比谁都好……关怀艺术及关怀人性的人, 他都感兴趣。这不容易。

贝纳尔夫人是个高尚的艺术家, 才华焕发、批评深刻、品味精纯。她有一天告诉我:"我们在海牙时, 参观了一整天的美术馆和私人收藏。一开始兴致很高, 最后也看腻了, 实在是累坏了。回旅馆时, 朋友想带我们去参观一个小展览会, 是凡·高的亲戚主办的, 展出百余幅作品……朋友一再坚持, 我不好拒绝让他生气……走进展览室, 心灵简直得到了一次美妙的休息……

"那种清爽、舒坦、新颖的印象我绝对忘不了……这个画家的作品, 迥异于我们看了一整天的东西。在目前这种形势下, 也许只有他的画才经得起考验……尽管技法有时显得滞重……有时显得笨拙……反正'和别人不相似'……

尽管在形式上的追求并非一致……彼此之间却好像一脉相传……同样的才华跃然其中……因时间而改变……也因独特的个性而有不同的面貌……"

强而有力的独创性……澎湃的热情……激烈的艺术表现, 洋溢真诚热切的生命气息!……

那些喜欢神秘、象征、怪诞、变态的人, 那些所谓灵魂画家……可怜的呆瓜或骗子, 只要看到哪幅画里构图比例不正确, 或是具有粗略的新形式, 或是在人体涂上绿色……性器官放上十字架……便说是一幅杰作, 又赞叹又兴奋, 激动得简直要昏倒……他们一个一个却都想把凡·高视为同志……这种自以为是的心理可真莫名其妙!……为什么找上凡·高而不找上莫奈或塞尚?

其实, 凡·高的画再正常不过……没有人比凡·高画得更真诚、更写实……凡·高热爱的只有一样东西: 大自然。他只跟着一样东西走: 大自然。他不寻求其他的东西。他打从心眼里厌恶文字游戏, 厌恶那些毫无创作力者所引以为乐的暧昧说理。

他明白, 凡是美的东西——"单纯的"美的东西——都有说理的成分……即使他画的是天空, 各式各样变幻不定的天空……躺卧的女人, 山坡的羊群, 幻想中的鱼, 怪物，逐渐消失于穹苍而幻化变形的神话故事……即使他画的夏夜，疯狂的星体，坠落的星星，旋涡状的光芒……他仍没有脱离大自然，没有脱离绘画——他只以大自然和绘画为其世界……

这一点，在他的信里透露无遗……信中告诉我们，在画一张画时，除了绘画，他心中别无所思……当他描述他正画着的，或准备着手画的风景画时，他不说画中有田地、树木、山峦……而是说黄色、蓝色、红色、绿色……以及色彩之间所形成的戏剧性关系……

他就是以这种方式描绘大自然美妙的一面，描绘生命无尽的喜悦和神奇的欢乐，好让我们快乐、感动……

可惜，他画画的日子并不长……他心中有种致命的忧虑——不是玄学上的忧虑，而是有关绘画的忧虑……这种忧虑折磨着他……一点一滴，忧虑蚕食了他整个生命……他对自己的作品永远不满意……他梦想的是不可能的事……他狂暴地对自己软弱无能的手生气，因双手无法把自己脑中完美新颖的构想表现于画布上而生气……有一天他终于因此而死！……

我们无法不敬爱文森特·凡·高，我们要永远记住他，因为他是个真正的伟大画家，全心致力于绘画……

奥克塔夫·米尔博
《文森特·凡·高》
录自《日记》，1901年

## 唐吉老爹

"唉！可怜的文森特！真不幸，实在太不幸了！像他那样的天才画家！又是那么好的小伙子！我再让你看看他的一些杰作！可不是吗？这些都是没话说的杰作。"

这个和善的唐吉老爹，腋下夹着四五张画，两手另外各提两张，从后面铺子里走出来，小心翼翼地把油画靠放在靠墙的椅脚边。他一边找比较明亮的地方摆油画，一边唉声叹气：

"可怜的文森特！这些画张张是杰作，您说是不是？还有很多很多！真美，是不是？我看着看着就难过，真想哭！再也见不到他了，米尔博先生，我们再也见不到他了！这事我简直没法儿接受！高更先生那么喜欢他！简直比死了儿子还难过！"

他像画家一样，用指头在油画前圈出画中的一部分，说：

"看看这天空！这树！画得可真好。还有这儿……这儿！颜色多好，多有气势！像他这种人怎么能死？您说，有没有天理？……他上次来，就坐在您现在这个位子上！他看起来很伤心，我跟我太太说：'文森特太悲

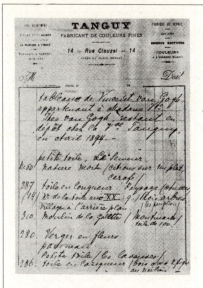

寄存于唐吉家的文森特的油画清单收据。

伤了……他的眼神专注在遥远的地方。他脑子一定还没有完全好！'可怜的文森特！

"您一定没有见过他的《鸢尾花》,那是他最后的几幅画之一。实在太好了！我一定要拿给您看！您知道,对于花的感觉没有人像他那样！他对什么都有感觉,可怜的文森特,他的感觉太过敏锐了！所以他才会想要表现那些画不出来的东西！我去找那张《鸢尾花》。毕沙罗先生看那张画看了好久,还有其他那些人,他们都说:'文森特画中的花好像公主。'没错,的确有那种味道！"

在唐吉老爹家这一幕情景,是凡·高——朋友们也叫他文森特不幸去世后没有几天的事。

## 奥克塔夫·米尔博
### 《唐吉老爹》
### 录自《艺术家群像》

安托南·阿尔托（Antonin Artaud, 1896—1948）,法国剧作家,同时也是诗人及演员,宣扬"灵魂自中心崩解",一种"狂野心灵"的状态。他的"残忍戏剧"理论,大大影响了现代戏剧的发展。他不由自主地为凡·高其人其画所吸引。他对凡·高的诗般的解读,洋溢着强烈得令人惊悚的狂热激情。阿尔托终身被精神病折磨,数度住进收容所。

下面文中所提到的爱伦·坡（Edgar Allan Poe）等人都是18至19世纪的作家,梦幻和恐怖的形象常是他们作品中的主题:爱伦·坡、霍桑（Nathaniel Hawthorne）和梅尔维尔（Herman Melville）是美国作家,阿尔尼姆（Achim von Arnim）和霍夫曼（E.T.A.Hoffman）是德国作家,奈瓦尔（Gérard de Nerval）是法国诗人。

犹如他的其他画作,（凡·高）死前两天画下的这些乌鸦并没有在他身后为他敞开荣耀之门。但它们确实引领我们到那纯粹绘画的境地——或者该说是引领我们到那未曾被画下的大自然——为我们开启了一扇门

户。这扇秘密的门户一开启，进去便是彼岸，便是近乎永恒的真实。穿过凡·高所打开的这扇门，我们抵达那谜样的诡异彼岸。

其人腹部中弹，已经身亡，犹在画布上涂满黝黑的乌鸦；苍白的草地——若非苍白，总也是空荡荡的。暗紫的土壤与污黄的麦田并置，错乱并陈。

除了凡·高，再没有人懂得如何画乌鸦——凡·高用的是薹黑，那"盛宴"的黑，粪色的黑来涂绘在暮色中惊飞的群鸦。

那唯有在凡·高眼中才带吉兆的乌鸦，同时也携来邪恶不祥的奢华（而这种奢华对他无所触动）。

然而，在群鸦羽翼之下，大地呻吟些什么？

原来啊，从来没有人能把大地变成肮脏若此的抹布，黏结了酒渍和血痕；唯凡·高能之。

在画里，天空低沉且带淤伤；
紫蓝一如闪电的下缘；
闪电之后的虚空，虚空边际奇异的暗影。

凡·高在画布上端所释放的那群乌鸦，竟像是自杀的人由脾脏喷洒出的黑色细菌。画布下方，黑色线条狠狠砍下处，鸦群鼓动丰满的羽翼，为已然旋转着的风暴大地，更加上由天而降的窒息感。

然而，全画仍是丰富的。
丰富、华丽、沉静。
对此人的死，这恰是合宜的伴奏。此人一生中不知画了多少个酩酊的太阳，旋转在无数狂放不羁的干草堆上。

这绝望至极的人，朝自己腹部

开了一枪。他别无选择，只好以血、以酒来淹漫大地；用他最后的乳液来浸润泥土。这血、这酒、这乳液，虽阴郁，却愉悦，散发出苦涩的酒气和酸腐的醋味。

此所以凡·高（这人除了绘画，别无去处）最后画作的调子，令人不禁想起伊丽莎白时期最动人、激情、狂热的戏剧，那突兀、狂野的味道。

凡·高，这画家中最纯粹的画家，最令我心折的正是这一点。他一生不曾片刻稍离绘画（或被称作绘画的东西），不曾离开颜料、画笔以及画布与写生的框架。他不求助于逸闻趣事、故事、戏剧、多彩多姿的情节；也不诉诸主题、对象本身固有的美，却能为自然和对象注入如许热烈的激情。

在心理和戏剧性的层面，爱伦·坡、梅尔维尔、霍桑、奈瓦尔、阿尔尼姆及霍夫曼等人最精彩绝伦的故事也不比凡·高最平常的画说得更多。事实上，凡·高的画作都是小尺寸，朴素得仿佛出自刻意。

> 阿尔托
> 《凡·高，被社会逼上自杀
> 之路的人》
> 1947 年

如果凡·高没有在 37 岁那年去世，事情会怎么样呢？我不必延请"伟大的哀悼者"耶稣来告诉我，如果凡·高那年未死，他将会创造什么了不起的杰作，如何丰富绘画的世界。因为，在《乌鸦》画作之后，我无法想象凡·高会再画下去。

他死于 37 岁，我想是因为——唉，因为这被恶灵压抑的人凄恻、反叛的一生终于走到尽头。

凡·高选择了死路，不是由于他自己，也不是由于他的病；真正致他于死地的，是加谢医生。这位所谓的精神病学家，其实是一个恶灵。

细读凡·高给他弟弟的信，我深深相信，"精神病学家"加谢医生确实厌恶"画家"凡·高——因为凡·高是画家而厌恶他，更因为凡·高是天才而厌恶他。

身为医生而同时是个诚实的人，这简直是不可能的事。身为精神病科医生，却没有同时沾带疯狂，这更是不可能。任何倾全力研究"人"的科学家，都因为人类古老的、隔代遗传的反射性反应，而天生即敌视所有天才。精神病科医生所沾带的疯狂，即缘于他们丝毫无法抗拒那反射性反应。

如果医学不是源自疾病，反而激起了疾病，从无中生出了疾病，借以肯定自身的存在，则医学便出自邪恶。精神病医学出自一群粗鄙的人。此等人借疾病之存在，而得拥邪恶；更由内在的空无中，布设下（保护教皇的）卫兵，必欲斩除那具叛逆性格的自我辩护之冲动——正是此冲动造就了天才。

每一个疯子身上，都有一个被误解的天才。众人害怕这天才，怕他脑袋里闪亮的念头。天才只能以谵语为唯一的出路，以摆脱人生的钳制。

加谢医生没有告诉凡·高，他的存在是为了修正凡·高的画（罗德兹收容所的费尔迪埃医生就告诉过我，他要修正我的诗）。加谢医生叫凡·高去写生，让凡·高沉浸于风景之中以逃避思想的痛苦。

不过，只要凡·高转身，加谢医生便切断他思维的开关。

阿尔托
《凡·高，被社会逼上自杀之路的人》
1947 年

奥里埃，神秘主义派诗人暨艺评家，1889 年在特奥家中结识了

奥里埃

凡·高。他首次见到凡·高的画也许也是在特奥的家中。他深深为凡·高的画所震撼。6 个月之后，1890 年 1 月，《法兰西艺闻》杂志创刊，登了一篇奥里埃的文章《孤独的人：文森特·凡·高》，在文中，他描述了凡·高画中的世界，物质的世界与心灵的世界。

天空有时像削凿成形的蓝宝石或青松石，耀眼夺目；有时像用什么硫磺涂抹而成，滚烫、带毒，令人为之目盲；有时如金属和水晶的熔流，偶尔出现几个光芒四射的太阳火轮；各式各样的光芒应有尽有，如大河般源源流淌。

空气灼热炙人，好像从消融黄金宝石的神奇火炉中泻流而出——在这样的天空底下，展现了令人惊心动魄的奇异自然景致，既真实，又几乎超自然。

这异乎寻常的景致里，不论人与物、明与暗、形与色都充满了反抗气息，都跃跃欲动，要以最尖锐、最狂嚣的叫喊，吼唱出自身特有的旋律。扭曲的树木犹如奋战的巨人，狰狞的枝干摆出威吓的姿态，绿色的叶丛如哀歌般蜿蜒攀升，在宣告着：这不可屈服的力量、引以为傲的体态、热如鲜血的汁液永远无视于大自然中的风暴和霹雳。

暗色的丝柏，矗立着火焰般犹

如噩梦的身影；山峦弓着背脊，犹如毛象或犀牛；白色、玫瑰色、金黄色的果园，宛若处子之梦；低矮的房舍，歪扭着身子，仿佛有欢乐、有痛苦，也会思考的人；石子、土地、荆棘、草地、花园、河流，俨然出自石刻，光滑而闪耀，放出七彩的光。

这些辉煌的风景，看来犹如邪恶的炼金坩埚里沸腾的釉药，五彩缤纷。树上的叶子好像古代青铜、黄铜、玻璃线。花坛里的花倒像是稀有的珠宝：红宝石、玛瑙、缟玛瑙、绿宝石、刚玉、金绿玉、紫晶、玉髓等，闪烁强烈的炫目光芒。

整个大自然疯狂扭曲到无以复加的地步，形状成了噩梦中的景象，颜色宛如火焰熔岩，亮光起火延烧，生命发烫狂热。

这便是文森特·凡·高的作品，奇异、激烈、狂热的作品，留在我视网膜上的第一印象。也许您认为有些夸张，事实却是如此。

啊！荷兰以前那种理智沉稳的伟大艺术离我们多么遥远！——不是吗？……

想想德休斯（de Hooghes）、范德·海登（Van der Heyden）、范德米尔这些人的画里，总含有中产阶级的气息。一笔一笔精勾细描，极尽修饰之能事而不带感情；由于不放过任何细节而显得一丝不苟。他们画笔下静好的风景总是那么拘谨，罕见激情。无时无刻不沉浸在温婉的色调里，灰色或明暗起伏，雾霭隐约蒸腾……

范奥斯塔德、波特、霍延、雷斯达尔、霍贝玛（Hobbema）。多么遥远哪，北国低地惯有的云翳，凝暗的色泽。

然而，不要误会，文森特·凡·高仍然跻身这些大画家之列。他是货真价实的荷兰人，是由哈尔斯一脉相传下来的优秀后裔。

的确，像所有著名的荷兰画家一样，他是不折不扣的写实主义者。英国司法大臣培根说："艺术是自然加上人。"左拉对自然主义的定义则是"透过一个人所见到的自然"。

可是，正因为"加上人"，"透过一个人"，以多样的主体来描摹单一的客体，这便使得问题复杂了；艺术家的创作态度是否真诚，也就没有绝对的标准。

为了判断一个艺术家是否真诚，批评家不得不诉诸多少有点假设性的归纳方法，而这方法又必然会引起争议。

如此，就文森特·凡·高来说，他的作品有时的确奇怪得令人迷惑。但只要没有偏见，懂得欣赏，便不得不承认：他的艺术是朴实真诚的，他眼中所见的景物是坦率无欺的。他的每一幅作品都有一股无以名状的芳香，散发出诚挚的气息。

从他对绘画题材的选择,从他在夸张的色调之间所保持的和谐,看他用心研究肖像的性格,深刻探索每样东西的特征,千百个细节都让我们不能不相信:他具有深刻而几近稚气的真诚之心,以及对大自然、对真实事物——他眼中的真实事物——的热爱之情。

如果以上的描述是正确的,那么便可以直接由文森特·凡·高的作品来归纳他这个人,或者应该说,这个艺术家的性格——这项归纳还可以借他的生活经历加以佐证。

此人作品的特色在于过度:过度的力,过度的紧张,狂猛的表现。他明确地画出东西的特性,有时大胆简化东西的形状。他傲然面对骄阳,狂热于素描和色彩,处处显露出他是个阳刚、粗犷、大胆的人,经常行事粗鲁,偶尔天真体贴……

此外,光靠对真实事物的"尊重"和"热爱"这两点,并不足以完全涵盖文森特·凡·高那种深刻、复杂、与众不同的艺术。他意识到物质世界的存在,十分清楚这世界的重要性和它的美,但同时,这个物质世界在他的眼中,只是一种用来表现"观念"的美妙语言。

他几乎是个彻头彻尾的象征主义者。不过他不像意大利那种原始的象征主义——喜爱神秘,但认为并不需要体现他们的梦想——而是时感到:观念这东西必须具有准确的形式,有重量、可触摸,具有极端有血有肉的物质外壳。

几乎他的每一幅画,在这种有形的包装下,在这种纯然血肉的物质之下,只要你懂得观看便可见到一种思想、一个观念,而这观念是作品的主要基础,既是作品的动力,也是作品的目的。

至于明亮灿烂的色彩与线条之合奏,不管对其他画家来说有多重要,也只不过是他简单的表现"方法",简单的象征化"手段"。

要是我们不认为在这种自然主

义的艺术之中存在有理想主义的倾向，则我们所探讨的作品中有绝大部分都将难以理解。

譬如《播种者》画中，那个庄严而令人不安的播种者，那个额头饱含才华、乍看之下酷似画家本人的乡下人，其身影、动作和劳动始终萦绕在文森特·凡·高的脑海中。他一再画这个播种者，背景有时是黄昏发红的天空，有时是正午炽热的金光。

从凡·高的画作来看，这位画家始终认为：这个时代极需要有个人，有个先知前来撒播真理的种子，以挽救我们衰败的艺术，挽救我们这个愚蠢的工业社会。

我不得不做如是想。

他热爱太阳，让它在熊熊燃烧的天空中发出耀眼的光芒；同时他也热爱另一个太阳，植物界的太阳——富丽华贵的向日葵。

他像个偏执狂，一再描绘向日葵——如果他心中没有某种太阳神话，那么该如何解释呢？

G.-A. 奥里埃
《孤独的人：文森特·凡·高》
《法兰西艺闻》
1890 年 1 月

## 文森特的荣耀

1987 年，伦敦佳士得拍卖公司以天价卖出了凡·高的油画《向日葵》之后，"凡·高"这个名字仿佛成了亿万财富的代名词。这实在是大错特错。之所以说这是误解，不只是因为当文森特画此幅《向日葵》时，由于尚未收到特奥按月寄来的 50 法郎而正在挨饿，更因为在文森特的心中，他所想的只是绘画。我们欣赏《向日葵》时，可不要把它视为投资……

凡·高的《向日葵》以 24750000 英镑成交之后，第二次世界大战后的艺术市场随之跨出了历史上最重要的一步。此事发生于伦敦的佳士得拍卖会，时间是 1987 年 3 月 30 日晚上 7 时 30 分。

拍卖成交的锤声一响——几件不可否认的事实随即显现出来。

第一，艺术市场发生了变化。25 年来，艺术市场一向只是俱乐部，如今摇身一变，成了国际"竞技场"。以前，艺术市场的顾客大多是欧洲贵族阶层和欧洲及美国东北部的中产阶级的精英分子，现在则是另一批人活跃于艺术市场。以前的顾客在经济上不是顶尖的人物，但在艺术欣赏方面却有一流的眼光。另外，不计其数的业余爱好者亦参与其间，俨然是巴尔扎克笔下"邦斯舅舅"这种人物的天地。

"邦斯舅舅"式的那种人物现在已经消失，旧式的中产阶级人士也减少了。一群不分阶层的人士则起而代之。这些人通常是新兴的富豪，购买艺术品有他们新的标准。他们收购已经被公认为杰作的作品，让人一眼就能看出其艺术价值和经济价值。这么做的原因有几个：其一，这类艺术品可以让他们放心，就算他们艺术知识浅薄，也不致做出错误的判断；其次，这种艺术品可显示他们具有文化素养。印象派与现代派大师的作

1987 年 3 月 30 日在伦敦拍卖《向日葵》的实况。

品,恰恰符合此二要求,是理想的对象。

第二,拍卖艺术品成了艺术界的盛事,群众瞩目的焦点。往日最引人注意的展览会和美术馆风光不再,屈居下风。到了拍卖会的日子,所有的电视台都会派人到场侍候。

第三,19 世纪末和 20 世纪的大画家的杰作已逐渐不易购得。雷诺阿和莫奈的重要作品在市场上已经绝迹,只剩下次要的作品。现在人们努力收购的是印象派之后的画家作品。诸如凡·高、土鲁斯–劳特累克、大溪地时期的高更、1911 年到 1914 年的立体派画家等。凡·高晚期,也就是他在阿尔勒、圣雷米、欧韦时期的主要作品,几乎已经无从取得。

佳士得拍卖公司拍卖的《向日葵》绘于 1889 年元月,正是众人争相收购的对象。这一张画是凡·高在阿尔勒的黄色屋子里所画的 5 张大幅《向日葵》的最后一张,它可能是最重要也是最美的一张。佳士得拍卖公司以高超的手腕为它大做宣传——先把画运到美国和日本展览,有技巧地发布消息,到了拍卖前一周,它登上了《新闻周刊》国际版的封面。

这幅画在当日拍卖目录表上名列最后一号,是压轴戏。为了让场面气氛热烈,先拍卖了几张必然引人争购的油画。如德兰、莫迪里阿尼(Modigliani)、蒙德里安(Mondrian)等人的作品。

待《向日葵》一开始拍卖,场内个个屏气凝神、鸦雀无声。这儿是我所见过的百万富翁密度最高的地方。到了第 60 秒钟,叫价已经超过历史记录——1957 年,雅各布·戈尔德施密特拍卖会中,彼得·威尔逊以 781000 英镑购得 7 张印象派油画。

J.罗伊
《凡·高的天价杰作》
《快讯周刊》
1987 年 4 月

1888 年 8 月,文森特画《向日葵》时,连买颜料的钱都没有;100 年后,他这幅油画成了艺术品交易市场上最昂贵的商品。

**亲爱的特奥:**

请你向塔塞请教下面这个问题。我认为颜料如果磨得愈精细,含油量就愈多,而我们非常不喜欢有油的颜料。

如果要画得像热罗姆或其他如照相般逼真的画,那么我们或许需要很精细的颜料;但是我们喜欢让画看起来有粗糙的味道。所以,颜料不要磨太久,只要磨到可以画就行;也不用管颜料的粗细,那么就会比较鲜艳,也许比较不会变暗。如果他愿意用铬黄、孔雀绿、朱红、铅橙、钴蓝、深蓝这些颜色试试看，那么我相信就可以便宜些，而且更鲜艳、更持久。也许茜红色系和翡翠红也可以一试，它们也是透明的。

随信附上我要订购的东西，请赶快寄来。

现在我正在画第四张向日葵。这张画了14朵向日葵，背景是黄色，很像以前画过的一张有柠檬的静物画。

不过这画比较大，产生的效果相当奇特，比那张柠檬的画更简洁。

你记不记得，我们有一次在杜鲁欧大厦看到的一幅马奈的画，几朵玫瑰色的芍药花和绿色的叶子衬着浅色的背景，真实得仿佛就生长在野地上，但那是用浓厚的油彩涂上去的，一点不像让南（Jeannin）的画法。

马奈的那幅画就是我所谓的简洁的技法。我应该告诉你，最近我正在尝试一种笔法，不用点描或其他技巧，只用不同的笔触。有一天会寄给你看的，你就会懂得我的意思。

油画颜料那么贵，真没办法！这星期我手头比较宽裕，所以就不加节制，单单一星期就花了100法郎。

不过，这星期我可以画出4张画，即便颜料花了不少钱，这星期也不算白过了。

每天我都起得很早，晚餐和宵夜都吃得很好，可以勤奋工作而不会感到虚弱。可是现在，画好的画没有人要；别说卖不出去，你看像高更，想用画抵押借钱，也找不到人——他只不过要一点点钱，而抵押的作品却画得很好。难怪我们只好靠运气。恐怕这辈子我们都会如此。我们如果能够让后继的画家过着稍富足的日子，就已经很不错了。

人生其实很短，而你自己有足够勇气，对什么都不畏惧的日子，更是有限。

还有，一旦新的画获得了人们的赏识时，恐怕画家也已经不行了。

不管怎样，我们这些人都不是颓废的。高更和贝尔纳这会儿说是打算画"小孩般的画"。我宁愿见他们如此，也不喜欢颓废画家的东西。为什么有人认为印象派有颓废的气息呢？其实事实正好相反。

附带告诉塔塞几句话。

颜料的价格大概相差极大；当然，我希望能逐渐不用精研的颜料。在此与你握手。

（装饰在富丽的蓝色背景上的向日葵，其中有一朵"加上了光环"，也就是说，每个东西周围都有一圈色彩，与底色成互补色，因此更为突出。）不久见！

永远爱你的文森特
1888年8月
阿尔勒

# 博里纳日的矿工

博里纳日是产煤区，位于比利时，靠近法国边界。文森特为了传福音，曾在此地与矿工度过一段穷苦的日子。左拉在《萌芽》这部小说中描写了罢工的情形。书中描述，有些矿工顺从矿主的要求继续采煤；这些破坏了罢工的矿工就是博里纳日地区的矿工。真实生活中的博里纳日矿工，赤贫一如左拉见过的法国矿工；而文森特见识到一贫如洗的矿工生活犹比左拉早6年。

左拉为了写《鲁贡玛卡家族》这部小说，实地调查了各种社会现象，诸如酗酒、嫖妓、矿工罢工等。从塞纳河畔到博斯田野，从勒阿弗尔的车站到矿工区，他走访了大街小巷，记下了细节与实况。他在《调查笔记》里记下了日后用入小说的资料；观其体裁，这笔记也可说是民族志的记录。

以下描写的是矿工的生活。

## 矿工的一天

矿工大都在凌晨3点钟起床，妻子或大女儿也起来为他们煮咖啡。炭灰下的炉火彻夜未熄，只要摇摇炉条，火就旺起来。喝过咖啡，准备好点心带走。矿工喜欢早点儿到棚屋去烘烘背，烘个十几二十分钟。早来的人这样才好下矿坑。下矿坑之前，他们都在炉火前等候。在矿坑里，甚至不论何处，他们差不多只谈论有关干活的事，像碰到什么困难啦，想把活儿干完啦，等等。他们话不多，每个人轮流说，从从容容地说（和巴黎的工人极不相同）。

有的矿工直接由矿井回家，有的先到酒馆喝一大杯啤酒。他们彼此不互相请客。每个人喝自己的啤酒，不吭声，懒懒地在桌旁靠墙坐着，两三口把酒喝光。他们难得跟走进来的人谈话。最后他们终于回

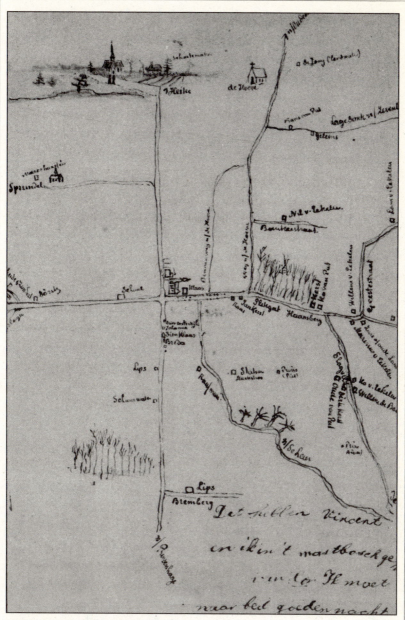

埃滕及其附近之地图，文森特绘于 1878 年 7 月。

家，这时正是下午三四点，脸也不洗就喝汤。通常是菜汤，一星期有两三次喝肉汤，然后有时再吃蔬菜炖肉（如果有肉的话），或一片面包，或什么都不吃。最后去洗澡，偶尔叫老婆帮他们洗澡。过后，他们四处闲逛。口袋有钱就上小咖啡馆，玩九柱戏或打牌，喝三四杯啤酒。

这样一直晃到 7 点，就回家吃晚饭，家人全都到齐。宵夜是一片面包加牛乳咖啡，或是吃一盘他们喜欢的沙拉，宵夜通常吃很少。8 点上床睡觉。到了 9 点，矿工住宅区已经见不到灯光。从 8 点睡到隔天早上 3 点。起床、到矿井、下矿坑。

礼拜天不工作。喜欢睡觉的一直睡到 9 点，不赖床的好不容易挨到 6 点便爬起来。早上到处晃：到花园工作，整理东西，弄弄独轮推车，逗逗兔子，等等。早上吃一片面包。中午，一家人喝汤，吃牛肉和养肥了的兔子。兔肉是矿工的大餐。矿工有一句骂人的话："你送给工头一只兔子。"意思是说："你在巴结他。"

过了正午又开始逛酒馆，矿工可能就在那儿喝醉了。结了婚的男人有 3% 是酒鬼，年轻人 5 个里至少有 1 个酗酒。他们喝酒赌钱，因为晓得朋友通常会上哪家，便从一家咖啡馆逛到另一家去找他们。回家时通常已是晚上九十点，再吃点中午的剩菜。

夫妻感情好的家庭，妻子或孩子有时会到咖啡馆去找他，特别是有舞厅的咖啡馆。女孩子跳一阵子舞，晚上 11 点回家。11 点店都打烊了，只好回家。

节日时矿工们便大肆庆祝。节日前一天不工作，节日后一两天也不工作。这下矿工们更容易喝醉酒了。过节是一定有兔肉吃的。

埃米尔·左拉<br>《调查笔记》

和矿工生活在一起可以克服人性的自私——1878 年夏天，文森特怀着这个信念前去博里纳日。此地，象征矿工生活的煤堆像一座座黑色金字塔，矗立在充满碳气的天空下。

**给特奥的信：**

在英国时，我便申请了福音传教士的工作，要去向煤矿工传福音；他们尚未给我答复，照规定，好像必须年满 25 岁。你也知道，整本《圣经》只有一个原则，一项基本真理——光明要照耀黑暗，从而使黑暗转变为光明。目前谁最需要光明？由经验得知，如矿工此类在黑暗的地底下工作的人听到福音都会感动而欢喜。

　　比利时南部的埃诺省有个地方叫博里纳日，在蒙斯附近，接近法国边境，那儿的居民靠采煤为生。我在一本地理课本里找到资料，抄录如下：

　　博里纳日位于蒙斯西面，居民均以采煤为生。煤矿的矿井深入地下300米，望之令人不寒而栗。

　　煤矿工每天到矿井底下工作，我们应该同情他们。博里纳日的煤矿工人没有白天，除了星期日，几乎终日不见阳光。他们在窄小的地道里弯腰趴地，靠着一盏苍白微弱的灯光辛苦地工作。他们挖出有用的煤，却置身于时时发生危险的工作环境中。可是负责监工的比利时工头性格开朗，他已经习惯了这种生活。当他在头盔上面装上一只在黑暗中为他引路的小灯，走进矿井时，他把自己的性命交在上帝的手中，以他的勤劳，上帝会爱护他，也会保护他的妻子和孩子。

　　我希望去那儿传福音。承德·荣吉和彼得森两位牧师的坚持，要我先进修3个月，现在实习期已快结束。使徒保罗在阿拉伯半岛待了3年，才开始他的传道旅程。如果我能安心地在那儿工作两三年，继续学习，继续观察，回来之后我的讲道一定值得一听。我是以谦虚坦率的心情来说这话的。

　　如果上帝允许，如果我的生命没有意外，那么不到30岁我便已准

德克吕克位于奎姆的房子。

德尼的家。

"阿格拉普屋"会馆入口。

备就绪，可以开展我的工作，对自己的工作也更有把握。而且由于我选择这事业的方式和我的经验都与别人不同，更能适合做这样的工作。

我们以前就闲聊过这些，但我还是要写信告诉你。博里纳日本来就有几个新教的小社团，那儿一定也有学校。我希望以福音传教士的名义被派往该地工作，剩余时间则教书。

你去过圣吉尔吧？有一次我去旧城门附近游览。往圣约翰山那条路的路口另有一条岔路通往阿尔桑贝尔。圣吉尔公墓就在那儿。公墓里到处是雪松和常春藤，从那儿可以看到整个城市。

再往前走，就到了福雷斯特。这儿风景如画，高高的山丘顶上有些旧房子，很像波布姆的画中荒凉沙丘上的草屋。田地上可见到各种劳动情景——撒小麦种子、拔马铃薯、清洗萝卜。到处是美丽的景色，即使捡拾枯木的情景看来也很悦目，太像蒙马特了。你可以看到爬满常春藤的小屋子、可爱的小咖啡馆。那些屋子中有一间很引人注目，是个叫韦尔基斯坦的芥末制造

马卡斯矿区第7号矿井。

灰眼矿区第 10 号矿井。

布袋矿区第 1 号矿井。

商的房子。他那块地方简直就可以入画。左右两边可以见到石头，几处小采石场，通往采石场的低凹道路上车辙深深；白色的小马身披红色流苏，赶马车的车夫身穿蓝色工作服。如画的风景中点缀了牧人，以及穿黑衣、戴白帽的女人。这让人想到德格鲁的画。

有些地方——感谢上帝，到处都有这样的地方——让人以为仿佛回到了家。那种特别的感觉有点像乡愁，虽然有种忧郁的滋味，却很能鼓舞精神，使人生气勃勃。

那一天，我走过福雷斯特，取道一条捷径来到一座覆满常春藤的古老小教堂。树木浓密无比，使小教堂更有哥特式建筑的味道。通往墓地的低凹道路，两旁是两排树木，纠结盘曲的树根很像丢勒的版画《骑士、死神和魔鬼》里的样子。你看过卡洛·多尔奇的油画《橄榄园》吗？或者应该说是照片。里面有点伦勃朗的味道。

你也许知道那张大幅的蚀刻版画，是按照伦勃朗的画刻的，刻得不算好。我是指有两个女人和一张摇篮，题名为《阅读〈圣经〉》的那一张。你说，柯罗老爹处理同样主题的画你见过；我马上想起，在他去世后不久所举行的作品展览会上，我曾见过那幅画，而且印象深刻。

艺术带给我们多少美的东西！只要能过目不忘，人就永远不会空虚、不会寂寞、不会孤独。

1878 年 11 月 15 日
在拉肯

德尼的家。

# 文森特之所居所见

　　"紫色的城市，黄色的星，天空一片靛蓝。麦田里有各种色调：古金、黄铜、绿金、红金、黄金……"文森特的话透露出他时时关切的东西。景物、屋子、桥梁、天空在他眼中都是灵感的来源。他住过的地方也成了发挥创造力的题材。

尼厄嫩的牧师住宅。

勒皮克街文森特的画室。

1887 至 1888 年凡·高在阿尔勒的住处。

阿尔勒的朗格卢瓦桥, 毁于第二次世界大战期间。

圣雷米的圣保罗收容所
及其花园。

文森特画笔下的收容所花园
的喷水池。素描。

圣雷米医院内的花园。

凡·高在欧韦去世的咖啡馆。图中所示咖啡馆名为"凡·高之家"。

# 图片目录与出处

1885 年,荷兰克洛勒–缪勒艺术博物馆。

**70** 右  《快活的喝酒人》,油画,哈尔斯。

**71**  《织布工人》,素描,羽笔,1884 年,阿姆斯特丹文森特·凡·高美术馆。

**72**  《安特卫普的码头》,1885 年。同上。

**73**  《旧屋背面的景致》,油画,1885 年。同上。

## 第四章

**74**  《铃鼓咖啡馆》,油画,1887 年。同上。

**75**  《作画中的凡·高》,素描,贝尔纳绘,1887 年,巴黎,私人收藏。

**76** 上  《蒙马特风景》,油画,1886 年,巴塞尔美术馆。

**76** 下  《自画像》,铅笔素描,1887 年,阿姆斯特丹文森特·凡·高美术馆。

**77**  科尔蒙画室,照片。同上。

**78** 上  《文森特·凡·高的肖像》,油画,罗素绘,1886 年。同上。

**78** 下  《文森特与费利克斯·费内翁谈话》,毕沙罗的黑色铅笔素描,英国牛津,Asmolean博物馆。

**79** 左  《文森特·凡·高的肖像》,彩色粉笔与水彩,土鲁斯-劳特累克作,1887 年,阿姆斯特丹文森特·凡·高美术馆。

**79** 右  《勒皮克街景》,油画,1887年。同上。

**80** 上  凡·高与埃米尔·贝尔纳,照片,1886 年。同上。

**80** 下  《日本戏子》,油画,1887年。同上。

**81**  《阿斯尼埃尔的河堤》,1887年。同上。

**82** 上  《自画像》,素描,石墨和墨汁,画于纸上,1887年。同上。

**82** 下  《由麦田间遥望阿尔勒》,1888 年,私人收藏。

**83**  《收割者》,油画,1888 年,巴黎罗丹博物馆。

**84**  《繁花盛开的果园》,油画,1888 年,阿姆斯特丹文森特·凡·高美术馆。

**85**  《三只蝉之习作》,素描,1888 年。同上。

**86—87**  《文森特在阿尔勒的屋子》,油画,1888 年。同上。

**88**  《高更坐的椅子》,1888 年。同上。

**89**  《文森特在阿尔勒的卧室》,1888 年。同上。

**90** 上  《海滩上的小船》,素描,1888 年6月,摘自《文森特·凡·高书信全集》。

**90** 下  《海滩上的小船》,油画,1888 年,阿姆斯特丹文森特·凡·高美术馆。

**91** 上  《圣玛丽的农舍》,素描,1888 年6月,摘自《文森特·凡·高书信全集》。

**91** 下  《圣玛丽的农舍》,油画,1888 年,私人收藏。

**92**  《阿尔勒的论坛广场》,油画,1888 年,阿姆斯特丹文森特·凡·高美术馆。

**93**  《邮递员鲁兰》,油画,1888 年,慕尼黑美术馆。

**94—95**  《画家自画像》,1888 年,高更绘,阿姆斯特丹市立博物馆。

**96**  《向日葵》,油画,阿姆斯特丹文森特·凡·高美术馆。

**97**  《正在画向日葵的凡·高》,1888 年,高更绘。同上。

**98**  吸烟斗、割去耳朵的自画像,油画,1889 年,伦敦,私人收藏。

**99**  1888 年 12 月 30 日《共和论坛报》的简报。简报内容:"上星期日晚上11时半,一名叫文森特·凡·高的荷兰籍画家来到一妓女家,他要求会见一名叫哈雪的女子,并……把自己的耳朵递交给她,说道:'好好儿收着这东西。'说完即离去。次日警方接获消息,认为此乃精神病患者的异常行径。前往此人居处查看之下,发现此人蜷卧床上,似已奄奄一息。该名画家被紧急送往收容所。"

## 第五章

**100**  《欧韦教堂》,油画,1890 年,巴黎奥尔赛博物馆。

**101**  《一支长春花》,素描,阿姆斯特丹文森特·凡·高美术馆。

**102**  《阿尔勒疗养院的花园》,油画,1889 年,私人收藏。

## 见证与文献

# 索引

## A

法国新古典画派之巨匠。工于线条及素描，以肖像和人体画享誉后世。印象派画家如雷诺阿、德加等人及毕加索，皆受益于安格尔的绘画观念。

## B

1871年3月间，反对恢复君主制度的巴黎共和人士组成公社政府，与国民大会对立，对抗行动延续到5月下旬。在流血冲突中，约20000名公社起义者遇害。法国政府最后进行严厉镇压，逮捕群众逾30000人，流放7000人。

# G

# H

图书在版编目（CIP）数据

　　凡·高：磨难中的热情 ／（法）博纳富（Bonafoux, P.）著；张南星译.
-- 长春：吉林出版集团有限责任公司，2015.1
　　（发现之旅）
　　ISBN　978-7-5534-6310-0

　　Ⅰ．①凡…　Ⅱ．①博…　②张…　Ⅲ．①凡高，V.（1853～1890）－生平事迹
Ⅳ．①K835.635.72

中国版本图书馆CIP数据核字（2014）第292394号

吉林省版权局著作权合同登记
图字 07-2014-4419

**发现之旅 06**

FANGAO MONAN ZHONG DE REQING　　　　　　　　[法] 帕斯卡尔·博纳富 著

**凡·高：磨难中的热情**　　　　　　　　　　　张南星 译

出版策划：刘　刚　孙　昶
项目执行：孙　昶
项目助理：赵晓星　刘虹伯　邓晓溪
责任编辑：刘虹伯　刘　洋
责任校对：邓晓溪
出　　版：吉林出版集团有限责任公司（www.jlpg.cn/yiwen）
　　　　　（长春市人民大街4646号，邮政编码：130021）
发　　行：吉林出版集团译文图书经营有限公司
　　　　　（http://shop34896900.taobao.com）
电　　话：总编办：0431—85656961　　营销部：0431—85671728
印　　刷：吉林省吉广国际广告股份有限公司
开　　本：880mm×1230mm　1/32
印　　张：5.75
字　　数：190千字
图 幅 数：160
版　　次：2015年1月第1版
印　　次：2015年1月第1次印刷
印　　数：1—6 000册
书　　号：ISBN　978-7-5534-6310-0
定　　价：35.00元